Mit Blockchain zum Krypto-Investor

Verstehe die Blockchain-Technologie und investiere strategisch in Bitcoin, Ethereum, Ripple & Co.

von Jens Helbig

Bibliografische Information der Deutschen Nationalbibliothek
Die Deutsche Nationalbibliothek verzeichnet diese Publikation in der Deutschen Nationalbibliografie; detaillierte Daten sind im Internet abrufbar über: > http://dnb.dnb.de <

Für Fragen und Anregungen:
jens@indie-bücher.de

Mit Blockchain zum Krypto-Investor
1. Auflage, 2018

Kirschgartenstr. 13, 90419 Nürnberg

Ein Imprint der
KLHE
GbR: Christopher Klein & Jens Helbig
Hortensienstraße 26, 40474 Düsseldorf
Verantwortlich für gewerbliche Dienste.

Buchsatz: Jens Helbig
Lektorat & Korrektorat: Angelika Helbig, Dominik Fecht
Cover: Stefan Valerio Meister

ISBN-13: 978-3-947061-31-0

Weitere Informationen findest Du unter
https://www.amazon.de/-/e/B00LPWD4VY
www.geldsystem-verstehen.de

Dieses Buch widme ich meinem Sohn Leandro,
für den die Blockchain-Technologie eine
Selbstverständlichkeit sein wird.

Inhaltsverzeichnis

Kundenstimmen

Expertenwissen für meinen finanziellen Erfolg!
Genau das richtige Buch zum richtigen Zeitpunkt mit bewährtem Durchblick von Jens Helbig (Chris und Jens).

Jetzt traue ich mich, meinem (ETF)-Vermögen etwas aus dem Bereich der Kryptos beizumischen :)

Danke!

Bitcoin-Nachschlagewerk
Wirklich gutes Buch für Einsteiger im Thema!

Kann wunderbar als Nachschlagewerk verwendet werden. Wenn irgendeine Frage offen ist, aufschlagen und Bescheid wissen.
[...]
Die enthaltenen Informationen sind korrekt und verständlich erklärt.

Werde das Buch [...] erwähnen und weiterempfehlen!

Alles was man zur Zeit über Crypto wissen sollte.
Ein super informatives Buch zu einem sehr interessanten Thema.

Ich habe das Buch in wenigen Stunden inhaliert und bestimmt zeitnah in Coins [zu] investieren.

So ein Buch war längst überfällig.
Weiter so. Eine 100% ige Kaufempfehlung.

Einleitung

„Alle Wahrheit durchläuft drei Stufen. Zuerst wird sie lächerlich gemacht oder verzerrt. Dann wird sie bekämpft. Und schließlich wird sie als selbstverständlich angenommen."

- Arthur Schopenhauer (1788-1860)

Bitcoins, Blockchain-Technologie und Smart Contracts sind die Schlagworte der digitalen Revolution, in der wir uns befinden. Vermeintlich schleichend, schwerfällig und von Banken augenscheinlich opponiert, verbreitet sich diese neue Technologie der Dezentralisierung rasend schnell. Wer jetzt denkt, es ginge dabei lediglich um die Bankenlandschaft, der befindet sich auf dem Holzweg: Die neue *Ära der Blockchain* ist in vollem Gange sämtliche Lebensbereiche und Industrien umzuwälzen.

Ähnlich dem Internet der 96er und 97er Jahre ist heute Vielen die Bedeutung der Blockchain-Technologie und der immensen Aufbruchstimmung im Kryptobereich gar nicht bewusst. Während Medien, Politiker und diverse Influencer immer wieder auf die Risiken verweisen und noch langatmig diskutieren, machen gescheite Vordenker Nägel mit Köpfen! Sie positionieren sich rechtzeitig, um von dem Mega-Boom zu profitieren – sei es in Form von Think-Tanks in Unternehmen, eigenen Start-Ups oder als Krypto-Investoren.

Dabei ist eine Investition in Krypto bei Weitem kein Selbstläufer: Immer wieder hört man von Personen, die durch technische oder blauäugige Fahrlässigkeit große Summen verlieren. Keine Investition ohne Risiko! Wer in die Welt von Bitcoin und Co. eintaucht, dem muss klar sein, dass der Kryptomarkt extrem volatil ist und dass er seinen kompletten Einsatz schlagartig verlieren kann. Von daher sei direkt vorneweg gesagt: Eine Investition in Kryptowährungen sollte lediglich mit Risikokapital unternommen werden!

Trotzdem: Wer zwischen den Zeilen liest, der erkennt, dass die Blockchain-Technologie und der Siegeszug von digitalen Kryptowährungen - in dessen Mitte und Rampenlicht der Bitcoin steht - nicht mehr aufzuhalten ist. Heroische Erfolgsgeschichten, bei denen irgendwelche Jugendlichen in kurzer Zeit zu Millionären geworden sind, weil sie zum richtigen Zeitpunkt in Kryptowährungen investiert haben, gibt es genauso.

Offiziell brüskieren sich Banken und reiche Vermögende über Bitcoin und Co.[1], doch insgeheim ärgern sich viele von ihnen, dass sie noch nicht früher auf den neuen Tech-Boom aufgesprungen sind. Während beispielsweise der CEO von JP Morgan, Jamie Dimon, öffentlich den Bitcoin heruntermachte, ihn als Betrug bezeichnete und mit der Tulpenzwiebelblase des 17. Jahrhunderts verglich[2], nutzte JP Morgan 2 Tage später den lädierten Kurs zum günstigen Einstieg und investiert ca. 3 Millionen Euro. Dabei fällt auf, dass auch andere große Finanzhäuser wie Morgan Stanley, Goldman Sachs und Barclays, ebenfalls schon mitspielen.[3][4] Später, als die Rally gelaufen war, ruderte Jamie Dimon wieder zurück und sprach Kryptowährungen dann doch ihre Daseinsberechtigung aus.[5]

Auch die großen Zentralbanken sind sehr an dem Thema Krypto interessiert, kann die neue Technologie doch mindestens dazu genutzt werden, das bisherige Geldsystem effizienter zu gestalten. Das wäre aus ihrer Sicht natürlich allemal besser, als selbst abgelöst zu werden. Es gibt in den Reihen der Zentralbanken zwar auch viele Kritiker des Bitcoins und von Kryptowährungen, aber trotzdem: Die Federal Reserve Bank (kurz: *Fed*, Zentralbank der USA) glaubt sogar, dass der Bitcoin eine ähnliche Rolle wie das Gold einnehmen könnte und dass

1 Zitat-Ticker zu Krypto von Bloomberg: https://bloom.bg/2BhRN1h
2 Artikel vom 13.9.2017 auf finanzen.net: http://bit.ly/2DGh8rl
3 Artikel vom 19.9.2017 auf finanzen.net: http://bit.ly/2Bw2Aob
4 Artikel vom 17.9.2017 auf DWN: http://bit.ly/2xmnKGw
5 Artikel vom 9.1.2018 auf Bloomberg: https://bloom.bg/2CIVeip

digitales Vermögen als neue Vermögensklasse zur Portfoliodiversifikation entstehen könnte.[6] Aus meiner Sicht wird es das auch - und zwar weit über den Bitcoin hinaus.

Eine wichtige Hürde für seine Anerkennung als Vermögenswert auch von den Geschäftsbanken hat der Bitcoin im Dezember 2017 genommen. Zwei große Börsen in den USA, die CME und die CBOE, begannen damit, Futures auf den Bitcoin auszugeben.[7] Durch solche Schritte wird es insbesondere für institutionelle Investoren immer einfacher, in den Kryptomarkt einzusteigen, ohne sich mit den technischen Anforderungen auskennen zu müssen. Stattdessen können sie mit einem ihnen bekannten und regulierten Finanzinstrument, den Futures, vom Bitcoinkurs partizipieren. Weitere Bitcoin-Finanzprodukte wurden von der CBOE, CME und Nasdaq bereits angekündigt. Es könnte sich dabei um Optionen oder Indexfonds (ETFs) handeln, die noch mehr Marktteilnehmern eine Investition in Bitcoin ermöglichen würden.[8]

Auf Unternehmensebene sind es unter anderem bekannte internationale Unternehmen wie beispielsweise Bosch, Volkswagen, Deutsche Telekom, Cisco, Fujitsu und Microsoft, die bereits gemeinsame Projekte mit „Krypto-Unternehmen" (hier IOTA) realisieren. [9][10] Für eine Vielzahl von Unternehmen bedeutet der Einsatz von Krypto-Technologie große Einsparpotentiale und enorme technische Möglichkeiten, die ihre Geschäftstätigkeit auf ein ganz neues Level hebt.

Auf staatlicher Ebene ist das Sentiment konträr: Während auf der einen Seite Japan den Bitcoin schon am 1. April 2017 als legales Zahlungsmittel akzeptiert hat[11], verbot China auf der anderen Seite Ende 2017 neue ICOs („Initial Coin Offerings" = Herausgabe einer neuen Kryptowährung, bei der Kapital zur Unternehmensfinanzierung eingesammelt

---

6 Artikel vom 18.1.2018 auf Cointelegraph: http://bit.ly/2Bu0lSi
7 Artikel vom 15.12.2017 auf Reuters: http://reut.rs/2nijGki
8 Artikel vom 14.12.2017 auf derStandard.de: http://bit.ly/2rLuSvf
9 Artikel vom 3.10.2017 auf Steemit: http://bit.ly/2DPxI7j
10 Artikel vom 28.11.2017 auf TNW: http://bit.ly/2zw0lkB
11 Artikel vom 3.4.2017 auf BTC-Echo: http://bit.ly/2GjvQC5

wird) und könnte bald auch den Handel mit Kryptowährungen gänzlich untersagen.[12] In den USA machen sich unterdessen Überlegungen breit, den US-Dollar in einen digitalen Dollar zu verwandeln,[13] und auch Estland überlegt, im Rahmen seiner *E-Residents*, einen Estcoin für diese herauszubringen.[14] Im restlichen Europa, inklusive Deutschland, hört man vor allem mahnende Stimmen. Grundsätzlich ist die Politik aber auch hierzulande daran interessiert, das Thema Krypto anzugehen. Ich persönlich habe allerdings den Eindruck, dass andere Länder in Sachen Krypto um einiges weiter sind, als wieder mal wir Deutschen.

International sind der Bitcoin und Kryptowährungen also in aller Munde. Während noch viele Unklarheiten bestehen, ist eines jedoch schon heute gewiss: Kryptowährungen ändern unsere Denke, unsere Zukunft und unser Zusammenleben als Erdenbürger auf diesem Planeten nachhaltig!

Wer von den positiven Veränderungen von morgen profitieren will, der muss sich heute mit Bitcoin, Ethereum und Co. beschäftigen. Mit diesem Buch nehme ich Dich mit in die Kryptowelt. Angefangen mit der Entwicklung vergangener Geldsysteme, über unsere aktuelle Form des Geldes, bis hin zur Geburt des Bitcoins. Wir schauen uns anschließend an, wie die Blockchain-Technologie funktioniert, welches ihre Vorzüge sind und wo es noch Verbesserungspotential gibt. Anschließend gehen wir in die Praxis über und ich zeige Dir ganz konkret, was Du bei dem Erwerb von Bitcoins und andere Kryptowährungen beachten musst, wie Du Kryptowährungen möglichst sicher aufbewahren kannst und welche mannigfaltigen Anwendungsbereiche es für Kryptowährungen und der Blockchain-Technologie gibt. Schließlich schauen wir uns gemeinsam an, wie Du Schritt für Schritt in Kryptowährungen investierst, wie Kryptowährungen versteuert werden und welche Kriterien Du bei einer Investition anwenden solltest. Wir schauen uns Chancen und Risiken verschiedener Investitionsstrategien an und am Ende des

---

[12] Artikel vom 16.1.2018 auf GodmodeTrader: http://bit.ly/2Fj2HFR
[13] Artikel vom 13.1.2018 auf Express: http://bit.ly/2Ddb607
[14] Artikel vom 22.8.2018 auf Medium: http://bit.ly/2wkqt3s

Buchs gebe ich Dir noch einen kurzen Ausblick über meine Vorstellung der Krypto-Zukunft und des Geldsystems.

Mit diesem Buch möchte ich Dich für die Themen Krypto und Blockchain begeistern und Dich dazu animieren, Kryptowährungen als potentiell lohnenswertes Investment mit in Deine Anlageentscheidung einzubeziehen. Mit würde es sehr interessieren, ob mir dies gelungen ist, und freue mich über ein kurzes Feedback von Dir. Entweder per E-Mail oder in Form einer Rezension auf Amazon.

Für Fragen und Feedback stehe ich Dir jederzeit gerne unter jens@indie-bücher.de zur Verfügung.

Und jetzt: Viel Spaß beim Lesen und Eintauchen in die Krypto-Welt!

Dein Jens

Kapitel 1: Die Geschichte des Bitcoins

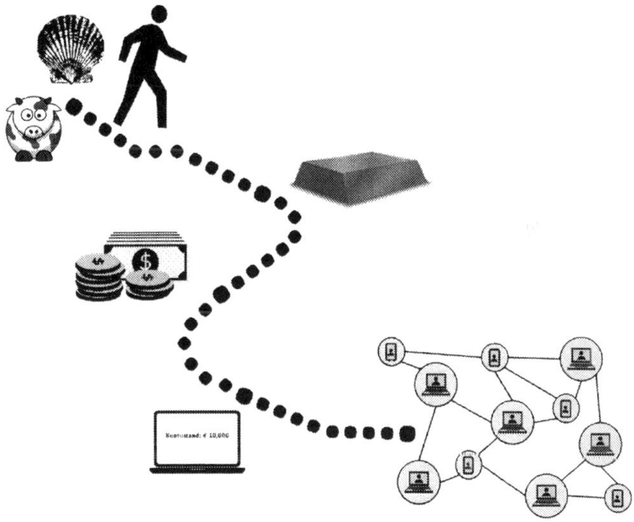

Es gab einmal vor nicht allzu langer Zeit eine Immobilien-, Wirtschafts-, Finanz- und Bankenkrise, dessen Auswirkungen wir bis zum heutigen Tag noch mindestens indirekt zu tragen haben. Vielen ist gar nicht bewusst, welche enormen Umverteilungen seit Krisenbeginn stattgefunden haben – und zum Teil noch immer stattfinden! Um nur ein Beispiel zu nennen: Die Bruttoverschuldung zum BIP ist europaweit (Euroraum, 19 Länder) im Zeitraum von 2007 bis 2014 um 41,5 % gestiegen![15] Und dabei handelt es sich nur um die staatliche Verschuldung, aber genau die haben wir alle in Form von unseren Steuern oder durch gekürzten Sozialleistungen und öffentlichen Einsparungen zu tragen. Bereiche, um die sich der Staat eigentlich kümmern müsste, kommen zu kurz.

Auch wenn es im Vorfeld viele Kritiker und schlaue Menschen gegeben hat, die immer wieder auf die Unzulänglichkeiten des herrschenden Geldsystems hingewiesen haben, wurden diese Stimmen jedoch gerne ignoriert, unterdrückt oder überhaupt nicht wahrgenommen.[16] Vielen Menschen dämmerte erst im Zuge der Krisenjahre, dass etwas mit dem Geldsystem nicht in Ordnung sein könnte. So wie es kreiert wurde, provoziert es Finanzkrisen und fördert die Ungleichverteilung.[17]

Um die Novität und Genialität des Bitcoins zu verstehen, ist ein elementares Verständnis vom jetzigen Geldsystem und Geld als solches wichtig. Dafür werden wir uns kurz die wichtigsten Aspekte in der Entwicklung der Geldgeschichte anschauen.

---

[15] Eurostat, „Bruttoverschuldung des Staates", http://bit.ly/2DFZ4xo

[16] Im deutschsprachigen Raum gilt ein besonderer Verdienst vor allem Silvio Gesell (1862-1930), Helmut Creutz (1923-2017) und Bernd Senf (*1944). Darüber hinaus gilt besonderer Dank an Hans-Werner Sinn (*1948) und Franz Hörmann (*1960).

[17] Siehe C. Klein & J. Helbig: „Tag auf Tag im Hamsterrad": http://amzn.to/2pW2zJb

Die Entwicklung der Zahlungsmittel

Warengeld

Schon seit jeher haben Menschen miteinander Handel getrieben und konnten sich dadurch gegenseitig helfen und versorgen. Damals wurden Waren direkt miteinander ausgetauscht (Naturaltausch), was sich allerdings aufgrund der unterschiedlichen Beschaffenheit bezüglich der Größe, Verderblichkeit und Knappheit der Waren als sehr umständlich erwies. Außerdem stellte die Umrechnung von einer Ware in die andere eine nicht zu unterschätzende Herausforderung dar. Schließlich einigte man sich auf ein universales Zahlungsmittel (Warengeld), das in alle Waren und Dienstleistungen eingetauscht werden konnte. Je nach Kulturkreis und Region gab es ganz verschiedene Warengelder, unter anderem waren das Muscheln, Steine, Salz, Federn, Felle, Kaurischnecken oder Steinscheiben[18].

Während das Warengeld seine offensichtlichen Vorzüge gegenüber dem Naturaltausch hatte, war es nicht perfekt. Zum einen gab es keine wirkliche Kontrolle über die Warengeldmenge: Lediglich die Zeit, die zum Finden oder Erstellen benötigt wurde, beschränkte sie. Weitergehend hatte das Warengeld meistens nur innerhalb einer bestimmten Region die benötigte Akzeptanz und wurde außerhalb dieses Einzugsgebietes praktisch wertlos. Zum anderen war das Warengeld nicht immer leicht zu transportieren oder sicher aufzubewahren. Es konnte kaputt gehen und dadurch an Wert einbüßen.

Edelmetalle

Aufgrund der genannten Nachteile etablierten sich Edelmetalle als ideale Wertspeicher. Sie waren und sind in der Regel schwer zu finden, schwer zu fördern und können nicht von Menschenhand hergestellt

[18] Diese frühe Form des Münzgeldes, das Steingeld Rai von der pazifischen Inselgruppe Yap, hat sogar bis heute überlebt.

werden. Diese Seltenheit gibt ihnen ihren inneren Wert und macht sie international handelbar. Darüber hinaus büßen sie nicht an Wert ein, wenn sie kaputt gehen und sie können nicht verderben.

Wieso also wurden Edelmetalle als Zahlungsmittel wieder abgeschafft? Vor allem lag dies daran, dass sie nicht sonderlich praktisch in der Handhabung waren: Bei jedem Handel musste theoretisch gewogen oder gemessen werden und das Mitführen von größeren Mengen war wortwörtlich schwer und unsicher. Trotzdem sind sie auch heute noch ein bewährtes Wertaufbewahrungsmittel – etwa in Barrenform.

Münzgeld

Das erste Münzgeld - bestehend aus Edelmetallen - entwickelte sich ca. 650 vor Christus in Lydien und wurde vom lydischen König Krösus herausgegeben. Seitdem gab es verschiedene Formen von Münzgeld. Zunächst bestand es noch größtenteils aus Edelmetallen, doch wurde ihr Anteil davon mit der Zeit immer geringer. Die Münzen waren unter anderem aus Elektron[19], Bronze, Kupfer, Messing, Silber und Gold. Heutzutage gibt es sogar immer noch Münzgeld: Die Euromünzen bestehen unter anderem aus einer Mischung von Eisen, Kupfer, Nickel, Messing, Aluminium, Zinn und Zink. Wie Du siehst, werden die ursprünglichen Edelmetalle nicht mehr verwendet. Der Wert der Münzen ergibt sich somit nicht mehr aufgrund seines intrinsischen Edelmetallgehalts, sondern wird vielmehr durch seine allgemeine Akzeptanz und Nutzbarkeit als Zahlungsmittel definiert.

Abgesehen davon, dass Münzen als Recheneinheit und Transportmedium deutlich besser als Edelmetalle geeignet sind, stellten sie damals vor allem ein Machtsymbol des Souveräns dar. Durch die Prägung wusste man direkt, wer regierte und die Geldschöpfung kontrollierte. Während die Geldschöpfung zunächst noch dezentraler Natur war, wurde sie anschließend zentral von Goldschmieden oder dem Souverän durchgeführt.

---

[19] Eine natürlich vorkommende Gold-Silber-Legierung.

Ein wichtiges Merkmal des neuen Münzgeldes war allerdings, dass es zum einen gefälscht und zum anderen durch Manipulation der Geldmenge Inflation und Deflation hervorgerufen werden konnte. Die vorherigen Zahlungsmittel konnte man nicht einfach so nachahmen oder manipulieren und die dezentrale Natur der Vorgänger ließ eine solche Idee in der Regel gar nicht aufkommen. Mit dem Münzgeld dagegen entstand nun ein Anreiz für Fälscher oder dem Herausgeber des Geldes, die Edelmetallmenge zu reduzieren, um mit der gleichen Menge Edelmetall eine größere Münzmenge herstellen zu können. Das erlaubte ihm in Folge, einen größeren Warenkorb kaufen und mehr Leistungen einfordern zu können, als es ihm sonst möglich wäre. Konkret wurde vor allem in Kriegszeiten gerne und oft Gebrauch von dieser Methode gemacht. Die Folge? Inflation oder Hyperinflation, also Geldentwertung. Das war dann natürlich das Problem der Bevölkerung und nicht die des Herrschers.

Heutzutage sieht die Situation so aus, dass das staatliche Monopol der Geldschöpfung einer in manchen Ländern sogar privaten Zentralbank überlassen wird. Die Federal Reserve (Fed) in den USA beispielsweise hat staatliche und private Elemente. Die Eigentümer der Fed sind dabei die teilnehmenden (privaten) Geschäftsbanken, die Aktien ihrer für sie zuständigen regionalen Zentralbank halten müssen.[20] Auf diese Aktien bekommen sie festgelegte 6 % Dividende pro Jahr.[21] Anstatt, dass der Staat dort oder auch hierzulande das Geld direkt selbst herausbringt, muss er es sich so zunächst von der Zentralbank oder anderen Marktteilnehmern über Kreditaufnahme erst leihen und zusätzlich Schuldzinsen darauf zahlen.[22] Es ist eine gefährliche Abhängigkeit entstanden! Da kann man sich schon fragen, wer hier eigentlich der Souverän ist.

[20] Das „Federal Reserve System" besteht aus 12 regionalen Zentralbanken. Jede Zentralbank ist für einen von 12 Distrikten der Vereinigten Staaten zuständig. Weitere Infos unter: http://bit.ly/2oF9zVg

[21] Siehe Federal Reserve Bank of Philadelphia: http://bit.ly/2nOhS3z

[22] Konkret verbrieft und verkauft der Staat seine Schuld in Form von Staatsanleihen. Diese wiederum können von anderen Marktteilnehmern gekauft werden. Der Staat erhält den Nominalwert der Anleihe, also den Verkaufspreis, direkt ausgezahlt und der Käufer das Recht auf Rückzahlung nach X Jahren plus einer jährlichen Verzinsung.

Papiergeld

Natürlich ist die Geldentwicklung nicht beim Münzgeld stehen geblieben. Noch vor und während der Zeit von Zentralbanken waren es mehrere verschiedene Goldschmiede (die Banken von damals), die auf eine wunderbare Idee kamen: Sie erfanden das erste Papiergeld, mit welchem sie dem Besitzer dieses Scheins eine gewisse Edelmetall- oder Münzmenge in ihrem Tresor bescheinigten. Da es noch praktischer war, ein Stück Papier zum Bezahlen zu verwenden, kamen immer weniger Kunden zu den Goldschmieden zurück, um ihre Einlagen einzufordern. Es wurde zum Usus, lediglich die Scheine mit Anspruch auf eine gewisse Geldmenge zum Bezahlen zu verwenden. Das wiederum veranlasste die Goldschmiede dazu, mehr Papiergeld in den Umlauf zu geben, als sie selbst als Gegenwert im Tresor hatten. Dieses Spiel ging nicht immer auf und konnte für den Goldschmied sogar tödlich enden. Trotz der entstehenden Inflation wurde das Papiergeld später auch von den Banken und heute den Zentralbanken übernommen.

Goldstandard

Zeitweise, ca. ab dem Jahre 1880, gab es den Goldstandard, der den Staaten vorgab, nur eine bestimmte Menge an Papiergeld drucken zu dürfen. Die mögliche Menge richtete sich nach dem Gold, welches der einzelne Staat in seinen Tresoren hatte. Wer mehr Gold besaß, durfte dementsprechend auch mehr Papiergeld drucken. Ein Umstand, der insbesondere der Kolonialmacht Großbritannien, welche weltweit den größten Zugriff auf Goldvorkommen hatte, zugute kam.

Bretton-Woods-System

Als Folge der beiden Weltkriege, bei denen der Krieg u.a. mit der Geldpresse finanziert wurde, geriet der Goldstandard jedoch aus den Fugen und wurde durch das System von Bretton-Woods ersetzt. Dieses Geldsystem besagte, dass der US-Dollar als Ankerwährung jederzeit in Gold eingetauscht werden könne. Gleichzeitig bestand zwischen allen Währungen ein System flexibler Wechselkurse.

Dieses neue System hatte jedoch zur Konsequenz, dass sich fortan die Welt in US-Dollar - die neue-alte Papierwährung – verschuldete, nie aber die wahren Vermögenswerte – das Gold, welches der US-Dollar zu der Zeit repräsentierte – eingefordert wurden. Ein tragisches Déjà-vu in der Geschichte der Geldsysteme!

Fiatgeld

Die USA hatten durch das Bretton-Woods-System enorme Vorteile, konnten es allerdings nicht mehr aufrechthalten, als im Jahre 1971 der Druck zu groß wurde. Die Lösung war ein einseitiges Kündigen des Bretton-Woods-Systems von Seiten der USA. Ab diesem Zeitpunkt wurde der US-Dollar vom Gegenwert Gold abgetrennt. Der innere Wert des Dollars und auch der anderen Währungen definiert sich seitdem lediglich noch über das Vertrauen, welches ihm seine Benutzer schenken. Diese Form des Geldes wird Fiatgeld genannt. Dieses Fiatgeld benutzen wir bis zum heutigen Tag für unsere Einkäufe, Steuerzahlungen und Investitionen.

Zum besseren Verständnis der unterschiedlichen Geldformen habe ich diese tabellarisch miteinander verglichen. Wie Du siehst, haben sich die Eigenschaften von Geld im Laufe seiner Evolution stetig verändert. Selbst wenn einmal eine Eigenschaft weggefallen ist, wie zum Beispiel die physische Deckung oder der „Inflationsschutz", hat insbesondere der technische Fortschritt stets dafür gesorgt, dass sich eine neue Geldform etabliert hat. Der Bitcoin bzw. Kryptowährungen stehen aktuell am Ende der Geld-Evolution, da sie viele nützliche Eigenschaften miteinander vereinen.

Das Revolutionäre an Bitcoin und anderen Kryptowährungen ist unter anderem, dass wir nicht mehr einer einzigen Instanz, wie Regierung oder Banken, vertrauen müssen, sondern lediglich dem neutralen Computer-Code, auf dem eine Kryptowährung basiert. Wie wir später sehen werden, lässt sich dieser nicht einfach manipulieren.

	Naturaltausch	Warengeld	Edelmetalle	Münzgeld	Papiergeld	Fiatgeld		Kryptogeld (Bitcoin)
						Zentralbankgeld	Buchgeld	
Beschreibung	Waren 1:1	Muscheln, Steine, Salz usw.	Gold, Silber	Münzen	gedeckte Geldscheine	ungedeckte Geldscheine	Kontoguthaben	code-basiertes, digitales Geld
Tribute zahlbar (Gott, König, Steuern)	X	X	X	X	X	X	X	(X)
Physisch gedeckt	X	X	X	X	X	-	-	-
Natürlicher Inflationsschutz	-	-	X	früher	theoretisch	-	-	X
Wertaufbewahrungsmittel (unverderblich)	-	X	X	X	X	X*	X*	X
Recheneinheit	-	X	X	X	X	X	X	X
Leicht transportierbar	-	-	-	X	X	X	X	X
Fälschungssicher	X	X	X	-	-	-	(X)	X
Geldschöpfung	dezentral	dezentral	dezentral	zentral	zentral	zentral	zentral	dezentral
Wer kontrolliert die Geldmenge?	Jeder	Jeder	Jeder	König, Regierung	Goldschmiede, (Zentral-) Banken	Zentralbanken	Geschäftsbanken	der Code

*Man kann darüber streiten, ob Fiatgeld durch starke Geldmengenausweitung „verderblich" ist, weil es dadurch deutlich an Wert einbüßt. Als physischer Gegenstand oder elektronische Information ist es natürlich nicht im eigentlichen Sinne verderblich.

Die Entstehung des Bitcoins

Gefahren unseres Fiat-Geldsystems

Auch wenn man sich im ersten Moment vielleicht keine Gedanken darüber macht, so gehen von unserem aktuellen Fiat-Geldsystem doch einige reale Gefahren aus.

Zum einen wird der wichtige Faktor Geldmenge von einer kleinen Gruppe an Zentralbankern zentral kontrolliert. Die Geldmenge bestimmt wiederum, wie viel Gegenwert in Waren und Dienstleistungen wir uns mit einer Einheit Geld kaufen können. Gibt es viel mehr Geld, als Wertschöpfung betrieben wird, kommt es zwangsläufig zur Inflation. Diese kann sich „hautnah" in den Produktpreisen widerspiegeln oder aber in Form der sogenannten *Asset-Price-Inflation* - also in den Preisen für Vermögenswerte wie Aktien oder Immobilien - entstehen. Die Gefahr liegt nun in der Zentralität der Geldschöpfung und dass diese kleine Gruppe entweder beeinflusst wird oder die „falschen" Entscheidungen bezüglich der Geldmenge trifft. Das wiederum kann der Wirtschaft schaden oder uns als Sparer enteignen.

Die entscheidenden Elemente sind hier Zentralisierung und Vertrauen.

Zum anderen ist das Geldsystem mit Zins, Zinseszins und Mindestreserve so ausgelegt, dass es regelmäßig crashen muss: Die Guthaben und ihr exponentielles Wachstum auf der einen Seite (und für die einen) sind die Schulden und das exponentielle negative Wachstum auf der anderen Seite (für die anderen). Da ein Schuldner jedoch auch zahlungsunfähig werden kann, wenn seine Schulden zu hoch geworden sind, werden im Falle eines Bankrotts seine Schulden in seinem besten Fall gestrichen. Das bedeutet, dass die Gläubiger dafür Guthaben (bzw. Forderungen) in derselben Höhe verlieren.

Eine Krise entsteht

Im Jahr 2007 war es dann wieder einmal soweit: Zum einen gab es durch die niedrigen Leitzinsen der Federal Reserve (auch *Fed*: Zentralbank der USA) massenhaft „billiges" Kapital, welches nach Anlagemöglichkeiten suchte. Die Leitzinsen waren infolge der Anschläge des 11. Septembers 2001 enorm gesenkt worden – auf bis zu 1%! Im Dezember 2000 lagen diese noch bei 6,4%.[23] Die Leitzinsen geben Aufschluss über die Kosten der Kreditaufnahme für die Geschäftsbanken. Diese konnten sich dementsprechend mit über 5% weniger Kosten verschulden. Anders ausgedrückt: Die Geschäftsbanken konnten mit den gleichen Kosten (6,4%) nun 6,4 Mal so viele Kredite aufnehmen und weiterverleihen, als das vorher noch der Fall war.

Neben den niedrigen Zinsen wurden die Regelungen für die Immobilien-Kreditvergabe in den USA immer lascher. So floss massenhaft Kapital in den Immobiliensektor und Kredite wurden exzessiv auch an schlechte Schuldner vergeben. Oftmals war es sogar so, dass ihnen die Immobilienkredite „aufgeschwatzt" wurden. So war es teilweise möglich, ein Haus mit € 0 Eigenkapital zu erwerben! Als Sicherheit zählte dann das Haus selbst. Über die Risiken – wie bspw. die Folgen von Leitzinsänderungen oder eines allgemeinen Immobilienpreisverfalls - wurde, wenn überhaupt, nur mangelhaft aufgeklärt.

Mit der stetigen Anhebung des Leitzinses von Seiten der Fed kam es dann, wie es kommen musste: Die Zinssätze für Kreditnehmer stiegen und Immobilien-Kaufwillige konnten sich fortan mit der gleichen Monatsrate nur noch kleinere Darlehen leisten. Insgesamt sank die Nachfrage nach Wohneigentum und infolgedessen mussten die Anbieter auch die Immobilienpreise senken. Das führte außerdem dazu, dass ein Haus, welches als Sicherheit bei der Bank hinterlegt worden war, nicht mehr genug wert war, um den ursprünglichen Kredit für dasselbe zu rechtfertigen. Die Kreditraten wurden erhöht. Eine Negativspirale begann und mündete in die globale Finanzkrise von 2007. Anschließend entwickelte sich diese zur Banken- und Staats-

[23] Siehe auch FRED, Effective Federal Funds Rate: https://bit.ly/2dv4wTT

schuldenkrise, dessen Auswirkungen wir über 10 Jahre später immer noch zu tragen haben.

Der Bitcoin wird geboren

Inmitten der Krisenjahre und Kritiken an Banken und Geldsystem veröffentlichte am 1. November 2008 eine oder mehrere Personen mit dem Pseudonym *Satoshi Nakamoto* das Bitcoin-Whitepaper mit dem Titel *Bitcoin: A Peer-to-Peer Electronic Cash System.*[24] In diesem Dokument legt der Autor die technischen Grundlagen für den Bitcoin und Kryptowährungen im Allgemeinen auf Basis der Blockchain-Technologie. 2009 rief er den Bitcoin dann tatsächlich ins Leben. Das Besondere im Vergleich zum jetzigen Geldsystem: Der Bitcoin kommt ohne Vertrauen aus.

Im jetzigen Fiat-Geldsystem haben wir zwar auch schon elektronisches Geld, nämlich das ganz normale Buchgeld, welches wir auf unseren Girokonten haben, doch wir sind in diesem System immer darauf angewiesen, dass uns eine Drittpartei - die Geschäftsbank - unseren Kontostatus bestätigt und Überweisungen von uns autorisiert.

Theoretisch könnte die Bank unser Konto sperren oder unseren Kontostand auf Null setzen und wir wären von jetzt auf gleich nicht mehr in der Lage, Ausgaben zu tätigen. Natürlich hat die Bank überhaupt keinen Grund, dies tatsächlich zu tun, doch hier wird deutlich, wie abhängig wir von den Computern der Bank sind. Alle Kontostände und Transaktionen werden dort zentral gespeichert. Wir vertrauen darauf, dass die Bank dafür sorgt, dass der Kontostand eines Jeden durch vorherige Geldeingänge zustande gekommen ist und dass eine Überweisung nur einmal durchgeführt werden kann. Darüber hinaus haben die Bank und andere Finanzdienstleister wie Visa oder Mastercard dafür Sorge zu tragen, dass ihre Rechenzentren vor Hackerangriffen geschützt sind. Selbst wenn dieser Schutz gewährleistet werden könnte, dann können Hacker immer noch über den Einzelhandel an sensible Kreditkartendaten gelangen, wie zum Beispiel Target und

[24] Das Bitcion-Whitepaper kannst Du hier herunterladen: https://bit.ly/2mOdwZv

Home Depot in den USA vor wenigen Jahren schmerzhaft feststellen mussten: 40 Millionen und 56 Millionen Kreditkarten betroffen![25]

Satoshi hat eine Lösung gefunden, die das Vertrauen in eine Drittpartei überflüssig macht und trotzdem gewährleistet, dass jeder seine Bitcoin nur einmal ausgeben kann und auch nur dann, wenn er sie vorher erhalten hat. Statt in ein Finanzinstitut vertrauen wir beim Bitcoin und anderen Kryptowährungen auf den zugrundeliegenden Code, der oftmals sogar öffentlich einsehbar ist. Tatsächlich hat sich der Bitcoin sogar durch seinen *Open-Source-Charakter* stetig weiterentwickelt und verbessert.

Wie Du Dir vorstellen kannst, sorgte die Finanzkrise und dessen Auswirkungen dafür, dass viele Menschen gegenüber einer bankenunabhängigen *Kryptowährung* immer aufgeschlossener wurden. Dieses neue Zahlungsmittel war für Viele ein großer Schritt in Richtung Freiheit: Sich von dem Establishment und den immer wiederkehrenden Finanzkrisen unabhängig zu machen und neue Wege einzuschlagen. Es war der starke Wunsch nach einer grundlegenden Veränderung - etwas Neuem und Revolutionärem - dem Bitcoin!

Ob der Bitcoin und Kryptowährungen dem Wunsch nach Freiheit gerecht werden, greife ich am Ende dieses Buchs auf.

Während der Bitcoin anfänglich von Vielen noch als insignifikantes Experiment belächelt wurde, hat sich der Wert und die Akzeptanz desselben so stark weiterentwickelt, dass er heutzutage nicht mehr wegzudenken ist. Als ein Bitcoin damals nur Bruchteile eines Cents wert war, wurde am 22. Mai 2010 die erste Bitcoin-Transaktion abgeschlossen. Der amerikanische Programmierer Laszlo Hanyecz kaufte sich für 10.000 Bitcoin zwei Pizzen. Der Gegenwert betrug zu dieser Zeit gerade einmal 30 US-Dollar. Mittlerweile zahlt man für einen Bitcoin ein Vielfaches von dem, was man für eine Unze Gold zahlt: 10.000 Bitcoin repräsentieren heutzutage einen zwei- bis dreistelligen Millionenbetrag in Euro!

[25] Hackerangriff auf Home Depot, Heise Security, 19.9.2014: https://bit.ly/2OMgRE7

Kapitel 2: Die Blockchain-Technologie

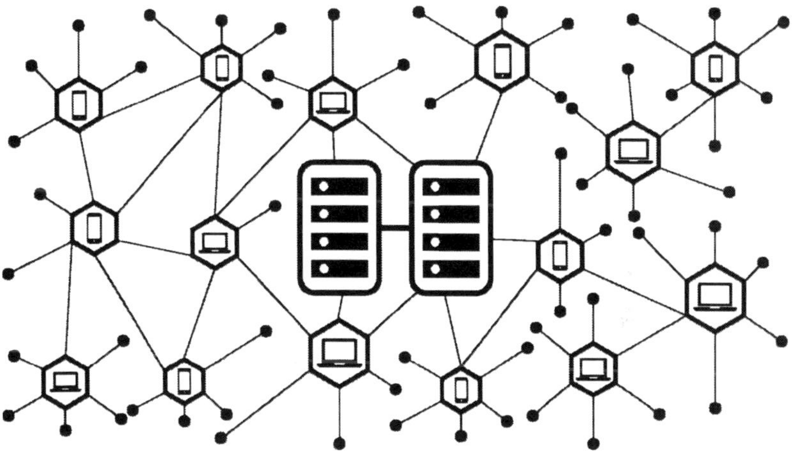

Technisch gesehen gibt es einige geniale Konzepte und Funktionsweisen, die der Blockchain-Technologie ihre Stärke verleihen. Die Rede ist von Nodes, Hashs, Minern, Blocks, Private Keys und vielen mehr. Diese Komponenten und ihr konzertiertes Zusammenspiel sorgen dafür, dass wir von einer Blockchain-*Technologie* sprechen und nicht lediglich von einem Computer-Programm oder Algorithmus. Worum es sich bei den grundlegenden Bestandteilen handelt und welche Rolle sie im großen Ganzen spielen, schauen wir uns in den folgenden Unterkapiteln an.

Die Kryptografie ist als Namensgeber von *Kryptowährungen* ein elementarer Baustein der Blockchain-Technologie. Spätestens am Ende des Kapitels über asymmetrische Verschlüsselung wirst Du die Überlegenheit dieser Verschlüsselungskomponente erkennen. Ihr Zusammenspiel innerhalb des dezentralen Blockchain-Netzwerks in Konstellation mit einem intelligenten Konsens-Mechanismus rundet die Blockchain-Technologie schließlich ab.

Blockchain

Die gesamte Blockchain stellt einen *Public Ledger* dar, auf Deutsch ist das ein öffentliches Kassenbuch. Dieses Kassenbuch beinhaltet alle Transaktionen in Blockform, die im Rahmen einer Blockchain jemals durchgeführt worden sind: Angefangen mit den allerersten Transaktionen bis hin zu aktuellen Überweisungen, die weltweit auf ihr getätigt werden.

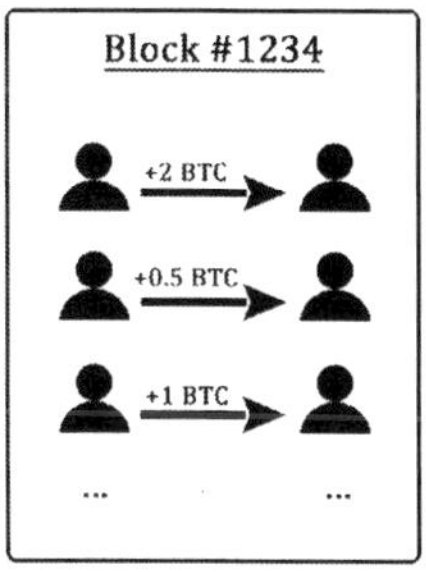

Abbildung 1: Vereinfachte Darstellung eines Blocks auf der Blockchain.

Ein Kassenbuch ist dabei keine neue Erfindung, wird es in unserem Fiat-Geldsystem mit Euro, Dollar usw. lediglich von den Banken geführt und verwaltet. Sie halten genau nach, wer wann und wie viel Geld an wen überwiesen hat. Dadurch wird sichergestellt, dass keiner denselben Geldbetrag zweimal überweisen kann, also nicht in der Lage ist, mehr auszugeben als er besitzt. Diese Vermeidung des *Double Spending* (zu Deutsch: Doppelte Ausgabe) wird von Satoshi Nakamoto als eine elementare Eigenschaft für ein elektronisches Zahlungssystem in seiner Veröffentlichung herausgestellt. Nur so ist ein fairer Umgang und sind gleiche Voraussetzungen für alle Teilnehmer gewährleistet.

Die Banken führen dagegen einen *Private Ledger*, also ein privates, zentrales Kassenbuch, das nur sie selbst einsehen können. Sie sind in diesem Rahmen dafür verantwortlich, dass niemand mehr ausgibt, als er besitzt. Wenn jemand eine Transaktion durchführen möchte, dann muss er sich an die Bank wenden, doch selbst im Rahmen von Online-Banking dauert es mindestens einen ganzen Tag, bis das Geld bei der Gegenpartei angekommen ist. Bei Auslandsüberweisungen ist, je nach Empfängerland, auch eine ganze Woche bis zum Geldeingang keine Seltenheit.

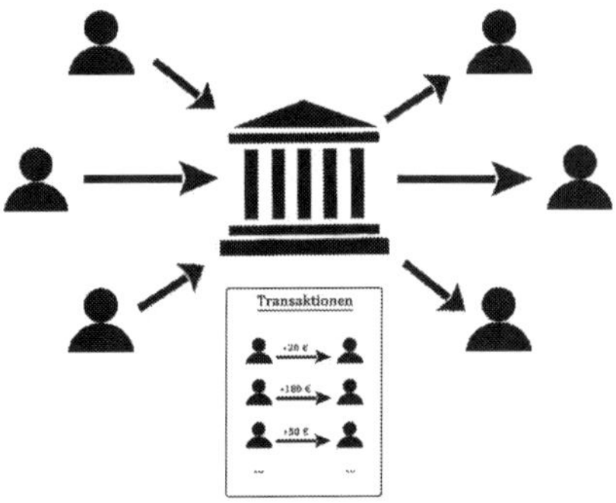

Abbildung 2: Im aktuellen Fiat-Geldsystem verlassen sich die Teilnehmer auf die Bank als vertrauensbildenden Intermediär.

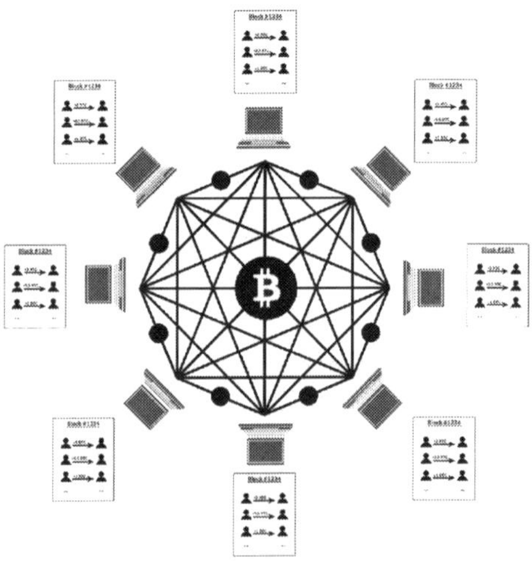

Abbildung 3: Im Blockchain-Netzwerk wird das aktuelle Kassenbuch ständig aktualisiert und geteilt.

Demgegenüber nutzt der Bitcoin mit der Blockchain-Technologie einen Public Ledger (öffentliches Kassenbuch), welches ständig aktualisiert und an alle Teilnehmer weitergereicht wird. So kann ein hoher Grad an *Transparenz* gewährleistet werden: Jede Transaktion ist von Jedem zu jeder Zeit einsehbar. Es ist also so, als würdest Du nach einer Überweisung zu jedem Teilnehmer im Währungsgebiet gehen und ihm erzählen, wem Du wie viel Geld überwiesen hast.

Allerdings kann auf der Blockchain nur eingesehen werden, welche Adresse (Kontonummer) welchen Bitcoinbetrag an welche andere Adresse geschickt hat. Eine Identifizierung des Inhabers einer Adresse ist nicht direkt möglich. Es gibt keinen „Kassenbuch-Inhaber", wie aktuell die Banken, die wir nach dem Kontoinhaber fragen könnten. Jeder Teilnehmer der Blockchain hat theoretisch die gleichen Zugriffsrechte auf das Kassenbuch und kann es weiterschreiben. Im Gegensatz zum bisherigen Geldsystem ist die Blockchain daher ein *dezentrales System*.

Blöcke

Die *Blocks*, oder schöner auf Deutsch ausgedrückt *Blöcke*, können als eine Seite in dem virtuellen Kassenbuch angesehen werden. Die Verkettung der bisherigen Blöcke stellt das aktuelle Kassenbuch dar. Diese Idee der Verkettung von Informationen mit einem digitalen Zeitstempel wurde sogar bereits im Jahre 1991 entdeckt, aber fand bis zur Erfindung des Bitcoins keinen prominenten Anwendungsbereich.[26]

Jeder Block beinhaltet einen eigenen digitalen Fingerabdruck (*Hash*), den digitalen Fingerabdruck des vorherigen Blocks und eine gewisse Anzahl an Transaktionen. Diese Informationen werden auf immer und ewig durch einen Block und seinem Hash unveränderbar festgehalten. Ein Block gilt dabei erst dann als bestätigt, wenn ihm mehrere Folgeblöcke angehängt wurden. Die längste Blockkette stellt die Wahrheit über die bisher durchgeführten Transaktionen dar.

Eine Transaktion wiederum umfasst einen Sender, einen Empfänger und einen Geldbetrag in Bitcoin. Theoretisch könnten es auch andere Informationen bei anderen Blockchain-Anwendungen (also nicht Bitcoin) sein, die in die Blöcke geschrieben werden. Etwa wer ein Haus von wem gekauft hat oder die Versprechen von Politikern. Mit Letzterem könnte man sie dann auf ihre Aussagen hin „festnageln" - ob das allerdings eine Verhaltensänderung mit sich bringt, sei dahingestellt. Später werden wir uns noch die alternativen Nutzungsmöglichkeiten der Blockchain etwas genauer anschauen.

Basierend auf dem Fingerabdruck (*Hash*) eines Blocks wird der nächste Block berechnet. Wer als Erstes herausfindet, wie der nächste Block zwangsläufig aufgebaut sein muss, der bestimmt, welche Transaktionen in den nächsten Block geschrieben werden. Sobald ein Miner einen Block herausgefunden und beschrieben hat, sagt er (automatisch) allen

---

[26] Haber, S., & Stornetta, W. S. (1991): „How to time-stamp a digital document. Journal of Cryptology", 3(2), 99–111. https://bit.ly/2vB0eEm

im Netzwerk Bescheid. Ab diesem Zeitpunkt hören alle Miner die Berechnung dieses Blocks auf und versuchen, den darauf folgenden Block zu berechnen. Dafür ist wiederum der Hash des aktuellen Blocks zwingend erforderlich.

Sollte es einmal vorkommen, dass zwei Miner zur gleichen Zeit einen neuen Block herausfinden, dann gilt derjenige als übernommen, der die meisten Folgeblöcke aufweisen kann. Eine Zeit lang kann es also sein, dass Miner an verschiedenen Verkettungen arbeiten. Sobald allerdings der darauffolgende Block herausgefunden wird, gilt diese Kette als die längste. Dann arbeiten wieder alle Miner gemeinsam an dieser Kette. Der Parallelblock verwaist und wird ungültig. Die Transaktionen, die dieser verwaiste (*Orphan Block*) beinhaltete, werden in einem der Folgeblöcke der längsten Kette wieder mit einbezogen.

Hashes

Neben den eigentlichen Informationen (Transaktionen) enthält jeder Block den sogenannten *Hash* und den Hash des vorherigen Blocks. Ein Hash ist ähnlich einem Fingerabdruck ein eindeutiges Alleinstellungsmerkmal von einem Block, welches bei seiner Erstellung generiert wird. Das Besondere ist, dass dieser Hash unter anderem mithilfe der beinhalteten Informationen in einem Block selbst generiert wird.

Ändert man auch nur ein Zeichen innerhalb des Blocks, wird ein komplett anderer Hash generiert. In einem solchen Falle würde es sich dann um einen anderen Fingerabdruck und ergo auch um einen ganz anderen Block handeln. Ein Hash ist also eine geniale Möglichkeit, Manipulationen an einem Block sofort aufzudecken.

Das Besondere ist, dass obwohl die Hash-Funktion bekannt ist, es unmöglich ist, den digitalen Inhalt aus ihr zurückzurechnen. Ein simples Beispiel für so eine Hash-Funktion ist die Quersumme. Die Quersumme von 123 ist 6 (1+2+3). Allerdings können wir mit dem Wert 6 nicht wissen, wie der ursprüngliche Wert (123) lautete. Schließlich gibt es praktisch unendlich viele Zahlen, die auch die Quersumme 6 besitzen, zum Beispiel: 105, 12.003, 33, 1.000.000.104 und so weiter. Eine mathematische Funktion, die einfach zu berechnen ist, aber praktisch unmöglich, zurückzurechnen, nennt man Einwegfunktion. Ein Hash ist dementsprechend so eine Einwegfunktion.

Als Hash-Funktion kommt bei Bitcoin SHA-256 zum Einsatz. Dies ist ein weitaus komplexeres mathematisches Verfahren als die Quersumme. Mit SHA-256 lässt sich jeder Block eindeutig identifizieren und somit herausfinden, ob er manipuliert worden ist oder nicht.

Jeder Hash hat zudem die gleiche Länge und Größe. Ein gleicher digitaler Input erzeugt immer denselben Output, den Hash.

Sicherheit der Blockchain

Sobald ein Block als bestätigt angesehen wird, kann er aufgrund von 3 Sicherheitskomponenten der Blockchain praktisch nicht mehr rückwirkend verändert werden. Diese Komponenten sind Hashes, Proof of Work und P2P-Netzwerk.

Hashes (digitaler Fingerabdruck)

Um eine Manipulation des Blockinhalts vorzunehmen, müsste man den Hash von einem Block in der Kette verändern. Da der nächste Block den Hash des vorherigen Blocks enthält würde dieser sofort ungültig werden und mit ihm alle darauffolgenden Blöcke ebenfalls. Man müsste deshalb auch den Hash des Folgeblocks neu berechnen. Der darauffolgende Block beinhaltet wieder den Hash seines Vorgängers und müsste dann ebenfalls neu berechnet werden. Insgesamt müsste man also sämtliche Blöcke, ab dem manipulierten Block an, neu berechnen.

Dies hört sich zunächst vielleicht aufwändig an, ist aber aufgrund von schnellen Rechenleistungen eigentlich gar nicht so sicher. Moderne Rechner können heutzutage problemlos hunderttausende von Hashes pro Sekunde ausrechnen, mit denen man dann den richtigen Hash erraten könnte. Genau aus diesem Grund wurden die beiden folgenden Sicherheitsaspekte ebenfalls eingebaut.

Proof of Work

Proof of Work (Deutsch: Arbeitsnachweis, auch *PoW*) ist ein Mechanismus, der die Erstellung eines neuen Blocks aufwändiger macht. Im Falle von Bitcoin dauert es durch den Proof of Work ca. 10 Minuten, einen neuen Block an die Blockchain anzuhängen. Garantieren tut das die sogenannte *Mining Difficulty* (Deutsch: Schürfschwierigkeit). Diese wird bei Bitcoin alle 2 Wochen unter Berücksichtigung der Hash-Rate des gesamten Bitcoin-Netzwerks angepasst. Die *Hash-Rate* ist die Maßeinheit für die Zeit, die bei gegebener Mining-Difficulty benötigt wird, einen neuen Block zu schürfen.[27] Mit ihrer individuellen Hash-Rate können sich Miner zudem ausrechnen, mit welcher Wahrscheinlichkeit sie einen neuen Block als erstes finden. Dazu teilen sie (mathematisch) ihre Hash-Rate mit der des gesamten Netzwerks.

Technisch könnte man zwar theoretisch einen Block manipulieren, allerdings müsste man enorme Rechenkapazitäten besitzen. Während dies in den ersten Tagen des Bitcoins vielleicht noch möglich gewesen wäre, verbraucht eine einzelne Bitcoin-Transaktion mittlerweile so viel elektrische Energie wie ein US-amerikanischer Haushalt in einem ganzen Monat.[28] Vermutlich kannst Du Dir vorstellen, dass das Zurückrechnen einer Vielzahl von Transaktionen einem unverhältnismäßig großen Rechen- und Stromaufwand gleichkäme.

Wenn man einen Block manipulieren wollte, dann müsste man ebenfalls den Proof of Work für alle darauffolgenden Blöcke neu berechnen, da ja jeder Block den Hash des vorherigen beinhaltet. In diesem Fall, und wenn einem theoretisch die Rechenleistung des gesamten Netzwerks zur Verfügung stünde, würde der zeitliche Aufwand entsprechend ca. 10 Minuten (dank Mining Difficulty) multipliziert mit der Anzahl der Folgeblöcke betragen.

Mit jedem neuen Block werden also sämtliche vorherigen Blöcke ein bisschen sicherer gemacht. Als wäre das noch nicht genug, gibt es noch einen dritten Sicherheitsaspekt, der es potentiellen Angreifern quasi unmöglich macht.

P2P-Netzwerk und distributed Ledger

Blockchains nutzen ein *P2P-Netzwerk* („Person to Person" bzw. auf Deutsch: Rechner-Rechner-Netzwerk), um ihr Kassenbuch zu ver-

---

[27] Diese Zahl beträgt für das Bitcoin-Netzwerk mittlerweile viele Billionen Hashes pro Sekunde: Einen aktuellen Chart kannst Du hier einsehen: https://bit.ly/2O750UK

[28] Weitere Informationen zum enormen Stromverbrauch von Bitcoin: https://bit.ly/2vAdzdl

walten. Statt das Kassenbuch an einer zentralen Stelle aufzubewahren, wird es tausendfach an alle Teilnehmer im Netzwerk kopiert.

Wenn jemand dem Netzwerk beitritt – und beitreten darf jeder -, bekommt er eine vollständige Kopie der Blockchain. Sobald ein neuer Block erstellt wurde, wird dieser an alle Teilnehmer des Netzwerks gesendet. Diese verifizieren den Block daraufhin, also sie überprüfen, ob er gewisse Charakteristika erfüllt. Das dauert nur ein paar Millisekunden. Wenn alles seine Ordnung hat, wird der Block ans Ende der eigenen Blockchain gehängt.

Alle Teilnehmer des Netzwerks kreieren mit diesem Prozess *Konsensus.* Das bedeutet, dass sie darin übereinstimmen, welche Blöcke gültig sind und welche nicht. Manipulierte Blöcke werden von anderen Teilnehmern nicht angenommen. Um einen Block erfolgreich zu manipulieren, müsste man also zusätzlich zur Neuberechnung der Hashes und Leistung des Proof of Work sämtlicher Blöcke, noch mindestens 50% der Teilnehmer des P2P-Netzwerks davon überzeugen, dass der manipulierte Block der Wahrheit entspräche. Nur so könnte man erreichen, dass auch der Rest der Teilnehmer den manipulierten Block akzeptiert.

In unserem heutigen Verständnis ist es unmöglich, Transaktionen auf der Blockchain zu manipulieren.

User, Nodes und Miner

In den meisten Blockchains gibt es drei Arten von Teilnehmern einer Blockchain: *User, Nodes* und *Miner*. Ich spreche übrigens extra von „Teilnehmern" und nicht etwa von „Personen", weil Teilnehmer nicht zwangsläufig Menschen sein müssen. Teilnehmer können genauso gut Computer sein, wie beispielsweise ein künftiges selbstfahrendes Auto, welches automatisch an der Tankstelle bezahlt, oder ein Kühlschrank, der Essen nachbestellt.

Die *User* (Deutsch: Benutzer) sind diejenigen Teilnehmer, die die Blockchain lediglich nutzen, sich aber um sonst nichts weiter kümmern möchten. Sie nehmen Zahlungen vor und Empfangen diese. Sie speichern meistens nicht die gesamte Transaktions-Historie. Wenn sie eine Transaktion durchführen möchten, wenden sie sich (automatisch) an Nodes und Miner. Dafür zahlen sie in der Regel eine kleine Gebühr, die auch *Mining-Fee* genannt wird. Benutzer werden manchmal auch als *Light-Nodes* bezeichnet.

Die *Nodes*, beziehungsweise *Full-Nodes*, (Deutsch: Knotenpunkte) speichern die gesamte Blockchain-Geschichte ab. Sie erhalten Informationen von Benutzern und anderen Nodes, überprüfen diese und leiten sie anschließend weiter. Ihre Funktion besteht vor allem darin, sicherzustellen, dass die Blockchain dezentral ist. Gäbe es nur einen Knotenpunkt, dann hätten wir wieder ein zentrales System, welches ja vermieden werden soll.

Die *Miner* (wortwörtlich auf Deutsch: Minenarbeiter) kreieren initialen Konsensus. Das bedeutet, dass sie einkommende Transaktionen überprüfen und verifizieren. Sobald sie diese in einen Block schreiben und dieser mehrfach bestätigt ist, wird dieser inklusive seiner beinhalteten Transaktionen von der gesamten Gemeinschaft als Wahrheit betrachtet. In dem Moment ist ein Konsensus über das, was geschehen ist, gefunden worden und die beinhalteten Transaktionen gelten als ausgeführt.

Der Begriff des „Minens" beziehungsweise des Schürfens ist dabei eher irreführend, da er suggeriert, dass Bitcoins gefunden werden könnten – ganz ähnlich wie etwas Gold gefunden und abgebaut werden kann. Gefunden werden können natürlich nur die Eigenschaften des nächsten Blocks. Errechnet ein Miner den nächsten Block als Erster, dann erhält dieser die *Mining-Fee* (Transaktionsgebühren) der Transaktionen, welche er in den Block geschrieben hat, sowie eine Belohnung. Im Falle von Bitcoin beträgt diese *Mining-Prämie* aktuell 12,5 Bitcoin und hat zu Beginn bei 50 Bitcoin gelegen. In dem Moment werden der Bitcoin-Geldmenge 12,5 Bitcoin hinzugefügt. Da die Bitcoinmenge aber auf 21 Millionen Bitcoin limitiert ist, halbiert sich alle 210.000 Blöcke die Belohnung. Die nächste Halbierung auf 6,25 Bitcoin wird momentan im Sommer 2020 erwartet. Bis die komplette Geldmenge vollständig geschöpft worden ist, wird es noch gut 100 Jahre dauern.

Wie Du siehst, verlagert sich der Anreiz für Miner im Zeitverlauf mehr und mehr auf die Transaktionskosten und weg von der Mining-Prämie. Während sich das Mining für große Mining-Unternehmen lohnt, weil sie speziell fürs Mining entwickelte Prozessoren nutzen und ganze Rechenzentren betreiben, ist es für den privaten Nutzer mit seinem PC quasi unmöglich, lukrativ zu minen. Nicht zuletzt, weil der Energieaufwand und seine Kosten im Verhältnis zu gewonnenen Blocks schlicht zu hoch wäre. Nicht umsonst sitzen die großen Mining-Unternehmen vor allem in Island und China, wo die Strompreise günstig sind.

Theoretisch kann aber jeder Teilnehmer alle drei Funktionen gleichzeitig einnehmen: User, Node und Miner.

Dezentrales Konten-Management

Jetzt kommen wir zu einem essentiellen Aspekt von Kryptowährungen: Die Konten-Verschlüsselung. Sie ist das Herz vom dezentralen Kontomanagement, wie es in Blockchains benutzt wird.

Im Gegensatz dazu steht das zentrale Kontomanagement, so wie Du es bisher kennst. Wenn Du ein Konto eröffnest, dann wird Dir von der Bank eine einzigartige Kontonummer zugeteilt. Die Bank sorgt dafür, dass kein anderer diese Kontonummer besitzt. Du kannst jederzeit zur Bank gehen, Dich ausweisen und erhältst Zugriff auf Dein Konto.

Auf der Blockchain sieht die Situation dagegen ganz anders aus: Es gibt keine zentrale Partei, die Dir eine einzigartige Kontonummer zuteilt und darüber wacht, dass sie nicht noch einmal benutzt wird. Vielmehr ist es so, dass Du Dir einfach eine Kontonummer nimmst. Das musst Du für jede Kryptowährung separat tun. Du brauchst also eine Kontonummer für Bitcoin, eine andere für Ethereum, wieder eine neue für IOTA und so weiter. Alternativ kannst Du zum Beispiel auch sogenannte *Exchanges* (Krypto-Börsen) benutzen. Sie übernehmen diesen Prozess der Kontonummer-Zuteilung automatisch für Dich.

Wenn Du Dir selbst eine Kontonummer aussuchst, dann ist es mehr als sinnvoll, diese per Zufallsprinzip, also zum Beispiel mit einem Zufalls-Generator, zu erstellen. Zu groß ist die Wahrscheinlichkeit, dass Du die gleiche Nummer wie jemand anderes erwischt, wenn Du Dich lediglich Deines Verstandes bedienst. So zufällig wie wir denken, agiert dieser nämlich gar nicht.

Um zu verstehen, warum dieses Kontensystem insgesamt sinnvoll und trotz theoretisch doppelter Kontenbelegung sicher ist, schauen wir uns zunächst die symmetrische und anschließend die asymmetrische Verschlüsselung an.

Symmetrische Verschlüsselung

Bei der symmetrischen Verschlüsselung werden Dinge mit einem einzigen Schlüssel verschlüsselt. Das anschaulichste Beispiel ist das eigene Zuhause: Es gibt nur einen Schlüssel und jeder, der den Schlüssel besitzt, kann hineinkommen. Wenn Du möchtest, dass jemand Deine Blumen gießt, während Du nicht Zuhause bist, dann musst Du ihm oder ihr vorher Deinen Schlüssel (oder die Blumen) geben. Die Verschlüsselung in dem Beispiel ist das Schloss, welches nur mit dem passenden physischen Schlüssel „entschlüsselt" werden kann.

Wenn Du nun Daten verschlüsseln möchtest, um sie jemandem zu schicken, dann kannst Du ebenfalls eine symmetrische Verschlüsselung benutzen. In diesem Fall würdest Du einen digitalen Schlüssel für die Verschlüsselung verwenden. Der Empfänger muss diesen digitalen Schlüssel ebenfalls kennen, um die verschlüsselten Daten wieder zu entschlüsseln – also lesbar zu machen. Eine dritte Person, die eventuell die verschlüsselten Daten über das Internet abfängt, kann diese ohne den geheimen Schlüssel nicht wieder entschlüsseln.

Ein mathematisches Beispiel einer sehr einfachen symmetrischen Verschlüsselung einer Nachricht besteht darin, dass man jedem Buchstaben des Alphabets einen anderen Buchstaben zuordnet. Zum Beispiel könnte man immer den dritten Folgebuchstaben des Alphabets nehmen. So würde A zu D, B zu E, C zu F und so weiter. Die mathematische Verschlüsselungsformel würde dann lauten:

Klartext + 3 = verschlüsselter Text

Das Wort „Test" würde durch die Anwendung der Verschlüsselung auf jeden Buchstaben zu „Whvw" werden. Die mathematische Formel zum Entschlüsseln des Textes wäre dementsprechend:

Verschlüsselter Text – 3 = Klartext

Geht man bei jedem Zeichen des Wortes 3 Buchstaben zurück im Alphabet, kommt man wieder auf „Test". Natürlich ist dies nur ein sehr einfaches Beispiel und nicht besonders sicher. Man kann den Schwierigkeitsgrad deutlich erhöhen, indem man weitere Rechenoperationen zum Verschlüsseln hinzunimmt. Ein als sicher geltendes symmetrisches Verschlüsselungsverfahren ist zum Beispiel der *International Data Encryption Algorithm* (IDEA mit 128 Bit Schlüssellänge) oder der *Advanced Encryption Standard* (AES mit bis zu 256 Bit Schlüssellänge), welcher sogar in den USA für staatliche Dokumente höchster Geheimhaltungsstufe zugelassen ist.

Der große Nachteil bei den symmetrischen Verschlüsselungsverfahren besteht allerdings in der Kommunikation des Schlüssels. Wenn man sich im echten Leben sieht, könnte man persönlich einen Schlüssel miteinander vereinbaren oder, im physischen Beispiel eines echten Schlüssels, einer Person einfach übergeben. Doch was tust Du, wenn Du die andere Person vorher eben nicht sehen kannst oder sie vielleicht sogar gar nicht kennst? Eine weitere Herausforderung ist das Ändern des Schlüssels. Du kannst dem Empfänger schlecht den Schlüssel per E-Mail schicken, da dieser leicht abgefangen und mitgelesen werden könnte. Auch andere Formen der Datenübertragung sind aus demselben Grund per se unsicher.

Während die Verschlüsselung bei unwichtigen Nachrichten selbstverständlich nur eine Nebenrolle spielt, ist sie bei Geldfragen (oder etwa beim Transfer von Technologie) umso wichtiger. Deshalb bedient sich eine Blockchain der asymmetrischen Verschlüsselung.

Asymmetrische Verschlüsselung

Das Besondere der asymmetrischen Verschlüsselung ist, dass der Empfänger den Schlüssel nicht braucht, um etwas zu Verschlüsseln. In der physischen Welt kannst Du Dir das so vorstellen, dass Du ein leeres Schließfach offenstehen lässt. Außen hängst Du lediglich ein offenes Vorhängeschloss hin. Sobald jemand kommt und Dir etwas hineinlegt, macht er es zu und verschließt das Vorhängeschloss.

Der Sender muss also lediglich wissen, wo sich Dein Schließfach befindet, kann es aber nicht öffnen, wenn es verschlossen ist. Ein weiteres Beispiel wäre Dein Briefkasten, in den jeder Post hineinwerfen, aber nicht herausholen kann. Du, als Empfänger, kannst aber den Inhalt jederzeit entleeren, weil Du den Schlüssel für das Vorhängeschloss beziehungsweise Deinen Briefkasten hast.

Bei der digitalen Datenverschlüsselung wird dementsprechend ein asymmetrisches kryptografisches Verfahren, zum Beispiel *RSA* (Rivest-Shamir-Adleman) oder *ECC* (Elliptic Curve Cryptography), verwendet. Dieses Verfahren generiert einen *Public Key* (Deutsch: öffentlicher Schlüssel) und einen *Private Key* (Deutsch: privater Schlüssel). Beide Schlüssel sind mathematisch miteinander verbunden, können aber nicht voneinander abgeleitet werden. Zum Verschlüsseln von Daten wird der Public Key verwendet. Zum Entschlüsseln brauchst Du dagegen den Private Key. Im analogen physischen Beispiel wäre also der Public Key die Adresse von Deinem Schließfach oder Briefkasten. Der Private Key wäre der Schlüssel für das Schloss.

Möchtest Du also Daten (Bitcoin) verschicken, dann verschlüsselst Du diese mit dem öffentlichen Schlüssel des Empfängers. Einmal verschlüsselt, kannst Du die Daten selbst nicht wieder entschlüsseln. Lediglich der Empfänger ist mit dem privaten Schlüssel in der Lage, diese Daten lesbar zu machen. Im Falle von Bitcoin ist es dem Empfänger möglich, diese Daten (Geld) zu verwenden, also weiterzuschicken.

Tätigst Du eine Bitcoin-Transaktion, dann schickst Du Bitcoins an die *Public Address* des Empfängers. Das bedeutet mathematisch nichts anderes, als dass Du diese Bitcoinmenge mit dem öffentlichen Schlüssel (Public Key) des Empfängers verschlüsselst. Ausschließlich der Empfänger weiß, wie er an die Bitcoins herankommt (genauer gesagt: Wo sie sich befinden), denn nur er hat den Private Key, also den privaten Schlüssel, der die Verschlüsselung wieder rückgängig machen kann. Nur dem Empfänger ist es möglich, diese verschlüsselten Bitcoins weiterzuverwenden.

Technisch ist es tatsächlich sogar ein bisschen anders. Ein weiterer, automatischer Sicherheitsschritt ist eingebaut: Die *Public Address*, Deine Empfangsadresse, ist nicht gleichzeitig Dein Public Key, sondern stattdessen ein Hash (Einwegfunktion) von Deinem Public Key. So kennt zunächst niemand Deinen Public Key, bis eine Transaktion auf der Blockchain an diese Adresse stattgefunden.

Abbildung 4: Deine Bitcoin Adresse (Public Address) wurde aus zwei Einwegfunktionen abgeleitet.

Der Public Key wird dann öffentlich, weil er als Signatur benötigt wird – als Nachweis, dass Du der Inhaber des Private Keys bist. Die Miner überprüfen beim Verifizieren der Blöcke Deinen Public Key und den Hash von Deinem Public Key. Der Public Key wird bei diesem Schritt für alle einsehbar auf der Blockchain abgespeichert.

Dieser zusätzliche Schritt ist ein Sicherheitsmechanismus für den Fall, dass doch jemand einen Weg herausfindet, wie er den Private Key von einem Public Key zurückrechnen kann. Dadurch, dass er dann aber Deinen Public Key gar nicht hat (solange noch keine Transaktion stattgefunden hat), kann er auch nichts zurückrechnen.

Da dieser Sicherheitsmechanismus nur solange funktioniert, bis eine Transaktion stattgefunden hat, empfehlen einige Sicherheitsexperten, dass man für jede neue Transaktion einen neuen Private Key mit zugehörigem Public Key und Public Address verwenden sollte. Ich persönlich denke, dass dieser Sicherheitsschritt insbesondere für größere Beträge eine wichtige Rolle spielt, bei kleineren Beträgen aber vernachlässigt werden kann.

In jeder Hinsicht resultiert daraus, dass jeder Deine Public Address erfahren darf, unter keinen Umständen aber Deinen Private Key!

Mathematisch wird die Erstellung der Schlüssel mithilfe von Einwegfunktionen gelöst, die eine „Hintertür" haben. Diese sind verhältnismäßig leicht zu berechnen, allerdings sehr schwer umzukehren, außer man hat besondere Informationen: Die genannte Hintertür als Private Key.

Ein Beispiel für so eine Funktion ist das Multiplizieren von Primzahlen. Während es auf der einen Seite ziemlich leicht ist, eine Multiplikation mit einem Rechner durchzuführen, ist die Primfaktorzerlegung einer Zahl, auch für einen leistungsstarken Computer, deutlich zeitaufwändiger. Der Grund dafür ist, dass diese nur mithilfe von *Trial-and-Error*, beziehungsweise einer sogenannten *Brute-Force-Attacke* (simples Ausprobieren), herausgefunden werden können. Sind also die multiplizierten Primzahlen, und somit ihr Ergebnis, groß genug, dann kann das Ausprobieren der ursprünglichen Primzahlen in die Jahrzehnte und Jahrhunderte gehen – selbst mit enormer Rechenleistung![29]

Private Key und Public Address

Wenn Du auf der Blockchain ein „Konto" eröffnen möchtest, dann ist dies nichts anderes, als dass Du per Zufall einen Private Key von allen möglichen Private Keys auswählst. Sämtliche Konten existieren also bereits im Vorfeld, Du entscheidest lediglich über einen kryptografischen Weg, welches Du benutzen möchtest. Dabei ist die Anzahl der möglichen Private Keys unvorstellbar groß und genau darin liegt die hohe Sicherheit: Es gibt ganze 2 hoch 256 mögliche Private Keys!

Die meisten können sich unter dieser Zahl kaum etwas vorstellen. Um Dir eine Idee von dieser unvorstellbar großen Zahl zu geben, erinnern wir uns an den Erfinder des Schachbretts. Das Schachspiel wurde vor langer Zeit in Indien erfunden. Dem indische Kaiser Sheram gefiel das

[29] Eine sehr gute Erklärung von RSA mit mathematischem Beispiel findest Du hier: https://bit.ly/1VS2lrN

Schachspiel so gut, dass er den Erfinder dazu aufforderte, sich etwas zu wünschen, und dabei bloß nicht bescheiden sein brauche. Daraufhin forderte der Erfinder den Kaiser dazu auf, ihm für das erste Feld 1 Reiskorn zu geben, für das zweite Feld 2 Reiskörner, für das dritte Feld 4 und so weiter. Also immer doppelt so viel, wie auf dem vorherigen Feld. Der Kaiser war etwas enttäuscht, weil er dachte, dass es doch viel zu wenig sei. Als er jedoch versuchte, diesen Wunsch zu erfüllen, bekam er die volle Wucht des exponentiellen Wachstums zu spüren und musste eingestehen, den Wunsch nicht erfüllen zu können.

Wie viel Reis hätte er dem Erfinder auszahlen müssen? Das Schachfeld besteht aus 64 Feldern, dementsprechend wäre das die folgende Anzahl an Reiskörnern für die ersten 10 Felder: 1 + 2 + 4 + 8 + 16 + 32 + 64 + 128 + 256 + 512 = 1.023 Reiskörner. Bei jedem Feld kommen allerdings mehr Reiskörner hinzu, als bei allen vorherigen Feldern zusammengenommen. Aus Feldern 11 bis 20 kommen dann schlagartig 1.047.552 Reiskörner hinzu und wir sind noch nicht einmal bei der Hälfte angelangt. Alleine auf dem 32. Feld kämen 2.147.483.648 Reiskörner hinzu. Diese 2,1 Mrd. Reiskörner verdoppeln sich dann wieder auf dem 33. Feld. Die gesamte Anzahl an Reiskörnern, die hätten ausgezahlt werden müssen? 18.446.744.073.709.600.000 Reiskörner, in Worten: 18 Trillionen, 446 Billiarden, 744 Billionen, 73 Milliarden, 709 Millionen, 600 Tausend Reiskörner. Anders ausgedrückt: 1+ 2 hoch 63.

Während in dem Beispiel der Kaiser die gesamte weltweite Reisernte über gut 850 Jahre lang hätte auszahlen müssen, ist bei den möglichen Private Keys (ein einzelnes Reiskorn) bei Kontoeröffnung noch lange nicht Schluss, denn 63 ist noch nicht einmal ein Viertel von 256!

Wenn Du das Rechenspielchen weiterführst und die mögliche Anzahl an Private Keys ausrechnest, dann kommst Du auf eine 78-stellige Zahl![30] Unsere Milchstraße hat etwa eine Masse von 100 Milliarden Sonnen und enthält ca. 10 hoch 68 Atome. Die mögliche Anzahl an Private Keys ist um knapp 1,2 Milliarden mal größer als die Anzahl der

[30] Ein interessantes Video zur Vorstellbarkeit einer Entschlüsselung findest Du hier: https://bit.ly/2iGvJJ2

Atome in der Milchstraße – oder beträgt 1/9 der gesamten Atome im Universum mit seinen vielen Milliarden Galaxien.[31]

Stell Dir vor, dass jedes dieser Atome ein mögliches Schließfach ist - alle Schließfächer existieren bereits. Jetzt wählst Du wahllos eins dieser Schließfächer aus. In jedem Schließfach befindet sich eine „Anleitung“: Die Information, wie Du (mathematisch) zum Public Key und somit auch zur Public Address kommst. Die Public Address ist ein Schließfach, auf das Dir andere Leute Geld schicken können, also wenn Du so willst, Deine Kontonummer. Jedoch ist ausschließlich die Person des Private Keys in der Lage, das Geld auf diesem Konto „Public Key“ zu verwenden. Man könnte es auch so ausdrücken: Jeder hat Lesezugriff auf die Public Address, aber nur der Halter des Private Keys hat Schreibzugriff darauf.

Von einem Private Key kannst Du immer die Public Address ableiten, nie aber umgekehrt! Man kann dies nicht oft genug betonen. Deshalb ist es auch so unglaublich wichtig, dass Du Deinen Private Key sicher aufbewahrst. Welche Möglichkeiten dafür in Frage kommen, erfährst Du im Kapitel über Wallets.

31 Bei einer angenommen Anzahl der Atome im Universum von 10 hoch 78.

Nachteile von Proof of Work

Bevor wir uns jetzt ganz konkret die Aufbewahrung von Kryptowährungen anschauen, möchte ich auf den *Konsensus-Mechanismus* Proof of Work und seine Alternativen eingehen. Das hat vor allem den Hintergrund, dass der Stromverbrauch von Bitcoin in den letzten Jahren in astronomische Höhen gestiegen ist. Zwar wird versucht, das Energie-Problem durch Projekte wie das *Lightning Network* für Bitcoin und *Raiden* für Ethereum,[32] der mindestens zweitwichtigsten Kryptowährung, in den Griff zu bekommen. Allerdings ändern diese Projekte nicht die Funktionsweise von Proof of Work.

Es wird geschätzt, dass das Bitcoin-Netzwerk aufs Jahr gesehen aktuell 73,12 TWh verbraucht.[33] Das ist fast halb so viel Energie wie aktuell für echtes Goldschürfen (150,69 TWh) aufgewendet wird. Umgerechnet in US-Dollar werden mit Bitcoin pro Jahr gut 4,5 Mrd. US-Dollar geschürft. Beim echten Gold sind es dagegen knapp 120 Mrd. US-Dollar.[34] Statt die Energie für das Bitcoin-Netzwerk aufzuwenden, könnten stattdessen Länder wie Österreich, Chile oder die Tschechische Republik komplett mit Strom versorgt werden.

Ein weiterer Nachteil von Proof of Work ist zudem eine Tendenz zur Zentralisierung. Diese entsteht dadurch, dass sich viele Miner zu einem *Mining-Pool* (Deutsch: Schürfgemeinschaft) zusammenschließen und ihre Hash-Rate kombinieren können. Findet ein Miner des Pools einen neuen Block, werden die Transaktionskosten und die Belohnung unter allen Teilnehmern aufgeteilt. Das macht für die einzelnen Miner viel mehr Sinn, als etwa alle 200 Jahre eine Mining-Prämie zu bekommen.

---

[32] Das Lightning Network und Raiden wird gerade entwickelt. Es handelt sich dabei um die Möglichkeit, Transaktionen „off-Chain", auf einem privaten Zahlungskanal, durchzuführen. Die Nettosumme der dort getätigten Transaktionen wird erst dann auf die offizielle Blockchain geschrieben, wenn der Kanal zwischen den Parteien wieder geschlossen worden ist.

[33] Digiconomist: https://bit.ly/2vAdzdl

[34] 16.1.2018: Bitcoin Mining is more Pollution than Gold Mining: https://bit.ly/2nPmvJX

Würden sich die größten Mining-Pools auch noch zusammenschließen, könnten sie gemeinsam über 51% der Hash-Rate des gesamten Netzwerks stemmen. Dies wiederum würde ihnen theoretisch die Möglichkeit verschaffen, eine sogenannte *51%-Attacke* durchzuführen.[35]

Dadurch, dass sie die Mehrheit darstellen würden, könnten sie entscheiden, welche Transaktionen ausgeführt würden - inklusive von ihnen manipulierten Transaktionen – und welche nicht. Das muss natürlich nicht passieren, aber da gerade die Dezentralisierung ein Hauptcharakteristikum der Blockchain-Technologie ist, sollte dieses nicht unbedingt untergraben werden. Welche Mining-Pools welchen prozentualen Anteil der Bitcoin-Blöcke der letzten 7 Tage geschürft haben, kannst Du bei Coin Dance aktuell einsehen.[36] Und dass solche Attacken durchgeführt werden, beweist ein jüngerer Zwischenfall, bei dem die Kryptowährung und Bitcoin Fork „Bitcoin Gold" erfolgreich mit so einer Attacke angegriffen worden ist.[37]

Die Herausforderungen von Proof of Work sind der Blockchain-Szene nicht neu und deshalb gibt es bereits vielversprechende Alternativen, die teilweise von anderen Kryptowährungen schon benutzt werden.

---

[35] 25.6.2018, CCN: https://bit.ly/2MsGh8E

[36] Coin Dance: https://bit.ly/2oT1A9Y

[37] 7.9.2018, CCN: https://bit.ly/2NsVmeC

Proof of Stake

Beim *Proof of Stake* (Deutsch: Geldnachweis, auch *PoS*) wird per Zufall ausgewählt, wer den nächsten Block validieren darf. Es gibt keine Miner im eigentlichen Sinne, sondern nur Nodes, die nur noch überprüfen, ob die vorhandenen Transaktionen eines Blocks ihre Richtigkeit haben. Nach Validierung bekommen diese dann die Transaktionsgebühren der validierten Transaktionen – also keine Mining-Prämie.

Um als Node validieren zu dürfen, muss ein Kryptobetrag als Pfand (*Stake*) hinterlegt werden, den man erst nach einer gewissen Zeit, wenn klar ist, dass man keine falschen Transaktionen validiert hat, zurückbekommt. Je größer der Kryptobetrag ist, den man hinterlegt hat, desto wahrscheinlicher ist es, dass man den nächsten Block validieren darf. Die Erhöhung der Wahrscheinlichkeit ist dabei ein linearer Zusammenhang. Wenn jemand beispielsweise einen 10 Mal größeren Betrag hinterlegt, dann ist es auch 10 Mal wahrscheinlicher, dass er den nächsten Block bekommt.

Kommt heraus, dass falsche Transaktionen bestätigt wurden, dann verliert der Validator einen Teil oder das gesamte, hinterlegte Pfand. Solange also die Transaktionsgebühren eines Blocks kleiner sind, als das Pfand, gibt es für eine Node keinen finanziellen Anreiz, falsche Transaktionen zu validieren.

Dadurch, dass beim Proof of Stake keine teure Computerhardware fürs Minen gekauft werden muss, motiviert es mehr Menschen, Node des Netzwerks zu werden. Dies wiederum ist gut für die Dezentralisierung.

Eine 51%-Attacke bei Proof of Stake ist sehr unwahrscheinlich, weil derjenige 51% der Geldmenge besitzen müsste, um diese durchzuführen. Je nach Wechselkurs ist dies eine enorme Summe! Würde Bitcoin den PoS benutzen, dann wäre das bei der Erstellung dieses Buchs ein Gegenwert von über 47 Mrd. US-Dollar (nämlich 51% der aktuellen

Marktkapitalisierung).

Trotzdem ist PoS nicht perfekt. Aktuell ist es für reiche Menschen der Kryptowährung einfacher, neue Blöcke zu validieren und dadurch die Transaktionsgebühren zu bekommen. In Folge bekommen sie noch mehr Coins und werden noch wahrscheinlicher ausgewählt. Ein Lösungsansatz wäre, weitere Faktoren für die Wahrscheinlichkeitszuteilung hinzuzunehmen. Insgesamt müssen noch mehr Erfahrungen mit Proof of Stake gemacht werden, um die Risiken und Herausforderungen besser zu verstehen und künftig zu vermeiden.

Proof of Stake stellt eine echte Alternative zu Proof of Work dar und wird zum Beispiel von den Kryptowährungen NEO, Lisk, PIVX oder Stratis verwendet.

Alternative Konsensus-Mechanismen

Neben Proof of Work und Proof of Stake wird aktuell mit verschiedenen Konsens-Mechanismen experimentiert, die von einigen Kryptowährungen umgesetzt werden. Dazu zählen unter anderem:

Tangle: Das Tangle von der Kryptowährung IOTA ist so aufgebaut, dass jeder, der eine Transaktion durchführen möchte, zwei andere Transaktionen validieren muss. Es gibt also gar keine Blöcke mit vielen Transaktionen, sondern nur einzelne Transaktionen. Je größer das Netzwerk, desto schneller werden die Transaktionen durchgeführt.

Delegated Proof of Stake: Es kann für Nodes, die einen Pfand hinterlegen, abgestimmt werden. Diese beschreiben dann den nächsten Block.

Proof of Burn: Eine Node, die nachweislich Coins einer anderen Kryptowährung „verbrennt" (unbenutzbar macht, indem sie an eine bestimmte Adresse geschickt werden), bekommt den Gegenwert in neuen Coins der aktuellen Kryptowährung ausgeschüttet. Die Idee: Die Kosten der Node liegen nicht im stromaufwendigen Schürfen, sondern in einer finanziellen Gegenleistung.

Proof of Capacity oder auch Proof of Space: Statt selber den nächsten Block zu berechnen, speichern Nodes die potentiellen Lösungen für den nächsten Block auf ihrer Festplatte. Stell Dir vor, Du würdest Lotterie-Tickets auf Deiner Festplatte speichern und wer für den nächsten Block die meisten passenden Nummern hat, der darf den nächsten Block beschreiben. Dies spart unglaublich viel Energie.

Proof of Authority oder Proof of Identity: Bei diesem Konsensus-Mechanismus werden Nodes, die Blöcke validieren dürfen, im Vorfeld ausgewählt. Sie stehen mit ihrer Reputation Rede und Antwort. Meistens sind es weniger als 25 validierende Nodes, damit ein reibungsloser Ablauf gewährleistet werden kann.

Proof of Elapsed Time: Jede Node wartet für eine zufällige Wartezeit, die in einer vertrauenswürdigen Laufzeitumgebung (z.B. SGX von Intel) ausgeführt wird. Derjenige, der, von der Laufzeitumgebung attestiert, die Wartezeit als Erster abgesessen hat, darf den nächsten Block beschreiben.

Proof of Importance: Verschiedene Kriterien entscheiden darüber, wie wichtig man ist. Ähnlich, wie bei Proof of Stake, müssen Nodes einen Mindestbetrag als Pfand hinterlegen. Je mehr, desto wichtiger ist man. Zusätzlich spielen die Netto-Transaktionspartner und die Transaktionshöhe der letzten 30 Tage eine große Rolle für die Wichtigkeit. Die aktuell wichtigste Node, darf den nächsten Block beschreiben.

Erst im Zeitverlauf wird sich zeigen, ob diese Konsensus-Mechanismen PoW oder PoS ablösen oder vielleicht sogar mit ihnen in Kombination angewendet werden.

Kapitel 3: Krypto in der Praxis

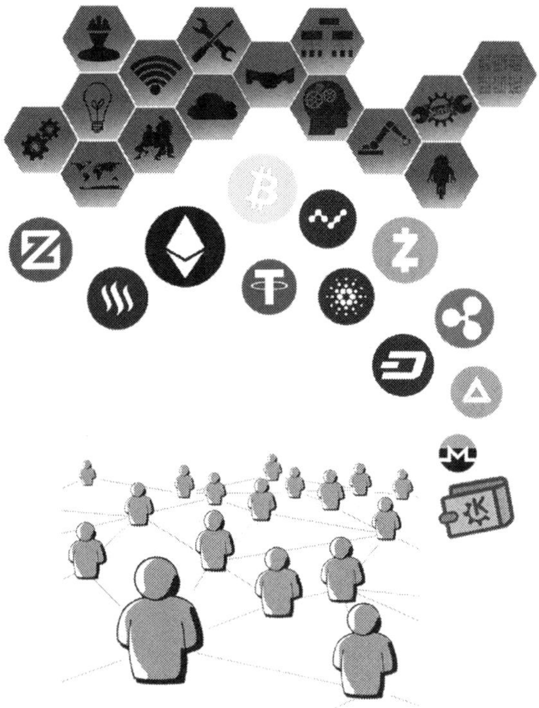

Kryptowährungen sind in der Praxis aufgrund der Blockchain-Technologie und ihrem digitalen Fingerabdruck grundlegend verschieden zu unserem aktuellen Fiatgeld Euro. Während Du Euronoten und -münzen einfach mit Dir herumtragen und anonym theoretisch für alle legalen und illegalen Geschäfte verwenden kannst, ist die Aufbewahrung und der Gebrauch von Kryptowährungen an technisch-kryptografische Bedingungen geknüpft. Statt in zentralen Girokonten werden Deine Bitcoin und anderen Kryptowährungen „in“ sogenannten Wallets aufbewahrt.

Auch wenn Du sicherlich nicht alle verschiedenen Wallets gleichzeitig benutzten wirst (und auch nicht solltest), ist ein grundlegendes Verständnis über Deine Möglichkeiten extrem wichtig. Insbesondere der Sicherheitsaspekt und die Praktikabilität sind wichtige Entscheidungskriterien, die Du bei der Wahl einer Wallet heranziehen solltest.

In diesem Kapitel lernst Du, welche verschiedenen Aufbewahrungsmöglichkeiten es für Kryptowährungen gibt und wie diese funktionieren. Anschließend schauen wir uns an, welche geniale Funktion ein Seed erfüllt und wie Du mit Krypto-Forks umgehen solltest. Im letzten Teil dieses Kapitels stelle ich Dir verschiedene brillante Anwendungsmöglichkeiten der Blockchain-Technologie und Kryptowährungen vor – alle mit disruptivem Charakter. Hiermit möchte ich Dir das wahnsinnige Potential von Kryptowährungen und ihre reale Beziehung zu unserer Wirtschaft aufzeigen. Darüber hinaus soll Dich dieser Teil auf das letzte Kapitel, in dem es ums konkrete Investieren geht, vorbereiten.

Eine kleine Warnung vorab: Lass Dich nicht von den Wallet-Möglichkeiten informativ erschlagen und vom Handeln abhalten! Wichtig ist gerade am Anfang, erste Erfahrungen zu sammeln und nach und nach in das Thema Blockchain und Kryptowährungen hineinzukommen.

Es kann darüber hinaus sein, dass sich im Zeitverlauf einiges verändert. Mache Dir also zusätzlich Deine eigenen Gedanken zu den Möglichkeiten und recherchiere gegebenenfalls selbst noch einmal im Internet.

Wallets

Wallets (Deutsch: Geldbörsen) stellen die verschiedenen Möglichkeiten dar, Deinen Private Key einer Kryptowährung sicher aufzubewahren. Zwar suggeriert der Name, dass sich Deine Kryptocoins in einer Art Portemonnaie befänden, aber das ist ein Trugschluss! Tatsächlich verlassen Deine erworbenen Coins nie die Blockchain – egal welche Wallet Du zum Aufbewahren Deines Private Keys benutzt.

Klar wird diese Tatsache, wenn Du Dir vergegenwärtigst, dass bereits alle Konten, also Public Addresses (abgeleitet von Public Keys mit dazugehörigen Private Keys), schon seit der Geburt einer Kryptowährung existieren. Die Blockchain wiederum zeichnet lediglich auf, welche Transaktionen von welchem Konto zu welchem anderen Konto erfolgen und wenn neue Einheiten einer Kryptowährung (z.B. durch Mining) in den Kreislauf auf ein bestimmtes Konto fließen. Die folgende Abbildung soll dies veranschaulichen.

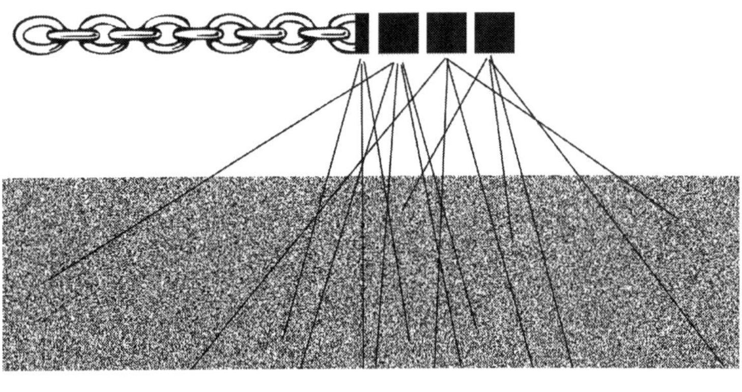

Abbildung 5: Eine Blockchain zeichnet lediglich auf, wie viele Kryptoeinheiten, auf welche Konten (Public Addresses), überwiesen werden. Das Meer (unten) an möglichen Public Addresses existiert dabei bereits.

Eine Wallet macht nichts Weiteres, als den Private Key für Dich zu speichern. Aus dem Private Key kann man sich dann die Public Address ausrechnen lassen. Anders als bei einer Geldbörse im echten Leben, ist es zunächst nicht schlimm, wenn Du Deine Wallet einmal verlieren solltest. Allerdings nur dann, wenn sie nicht in fremde Hände gerät und wenn Du den Private Key noch an einem anderen Ort aufbewahrt hast. Mit ihm kannst Du jederzeit nachweisen, dass Du der Eigentümer der Public Address XYZ bist. Die Blockchain wiederum, also die Transaktionshistorie, die dem gesamten Netzwerk als Kopie vorliegt, legitimiert, dass ein Konto einen bestimmten Kryptobetrag ausgeben darf.

So gesehen können Bitcoins oder andere Kryptowährungen nie verloren gehen. Man kann lediglich den Zugriff, etwa durch „verschludern" des Private Keys, darauf verlieren. Grundsätzlich unterscheidet man beim Speichern vom Private Key zwischen einem *Cold Storage* und einer *Hot Wallet.* Cold Storage bedeutet, seinen Private Key an einem Ort zu speichern, der nicht mit dem Internet verbunden ist. Hot Wallets sind dagegen dem Internet „ausgesetzt" und dementsprechend auch unsicherer, weil theoretisch jemand Fremdes die Daten abgreifen könnte.

Cold Storages

Im Rahmen der Cold Storages hast Du verschiedene Möglichkeiten, Deinen Private Key oder Seed (dazu später mehr) zu sichern. Grundsätzlich empfehle ich, Cold Storages zu benutzen, wenn Du einen größeren Kryptobetrag sichern möchtest oder längere Zeit nicht darauf zurückgreifen musst. Folgende Aufbewahrungsmöglichkeiten kommen theoretisch in Betracht:

1) Mind Wallets
2) USB-Sticks
3) Hardware Wallets
4) Paper Wallets

#1 Mind Wallets

Eine *Mind Wallet* zu benutzen bedeutet, als dass Du Deinen Private Key oder Seed auswendig lernst. Vielleicht mag diese Variante die sicherste sein, doch wahrscheinlich auch die gefährlichste, weil Du zu 100% von Deinem Gedächtnis abhängig bist. Die Gefahr des Vergessens – gerade bei einer langen Haltedauer - ist einfach zu groß.

#2 USB-Sticks

Der *USB-Stick* ist zwar theoretisch eine Möglichkeit, seinen Private Key (etwa als Textdatei) zu speichern, allerdings keine gute! Zwar könntest Du den USB-Stick in einem echten Tresor einschließen, doch die Gefahr geht schon vorher, nämlich beim Beschreiben des Sticks, los. Du musst diesen dafür ja mit einem Computer verbinden und beim Erstellen der Datei könnte es sogar vorkommen, dass Dein Computer diese Datei auf der eigenen Festplatte in irgendeinem temporären Ordner abspeichert. In den Arbeitsspeicher gelangt die Datei außerdem, sodass theoretisch der Private Key abgegriffen werden könnte. Darüber hinaus könnten magnetische Felder die Daten des Sticks hinterher beschädigen. Das

Gleiche gilt übrigens für CDs oder alte Computer, die auch keinen guten Speicherort darstellen - nicht zuletzt, weil sie schlicht unlesbar werden könnten.

#3 Hardware Wallets

Hardware Wallets sind extra für die Speicherung von Private Keys entwickelt worden. Streng genommen sind Hardware Wallets eine Mischung aus Cold Storage und Hot Wallets, weil man von ihnen indirekt auch Kryptos verschicken kann. Das Besondere dabei ist, dass der Private Key in einem geschützten Bereich, etwa dem Mikrocontroller, gespeichert wird. Aus diesem Grunde kann er, auch wenn die Hardware Wallet mit einem Rechner verbunden ist, von diesem nicht als Klartext ausgelesen werden. Das schützt den Private Key gleichzeitig vor Viren oder anderer Schadsoftware (nach jetzigem Wissensstand). Oftmals ist die Software, die mit der Hardware Wallet zusammenarbeitet, *Open Source*. Das bedeutet, dass jeder den Code einsehen und sich davon überzeugen kann, dass er keine Hintertür, Sicherheitslücken oder Ähnliches enthält.

Neben den ganzen Vorteilen hat eine Hardware Wallet aber auch zwei Nachteile. Erstens werden nicht alle Kryptowährungen unterstützt. Tatsächlich ist es bisher eine sehr überschaubare Anzahl. Die bekannteste Krypowährung, Bitcoin, wird allerdings nach meinem Wissensstand von allen unterstützt. Zweiter Nachteil ist, dass Hardware Wallets Geld kosten. Je mehr Geld Du allerdings in Kryptowährungen investierst, desto mehr lohnt sich diese kleine Investition als Sicherheitsmaßnahme. Ab welchem Zeitpunkt Dir das wert ist, musst Du entscheiden. Ich selber benutze eine Hardware Wallet (Ledger nano S), mit der ich sehr zufrieden bin.

Gute bekannte Marken für Hardware Wallets sind zum Beispiel:

- Trezor (https://trezor.io/)
- Ledger (https://www.ledger.com/?r=28be0509a3c3).

#4 Paper Wallets

Eine *Paper Wallet* ist komplett kostenlos und in der Regel noch sicherer als eine Hardware Wallet. Eine Paper Wallet zu benutzen bedeutet, dass Du Deinen Private Key oder Seed auf ein Stück Papier schreibst und dieses sicher „im echten Leben" aufbewahrst. Sinnvollerweise solltest Du dafür Deinen Private Key und Deine Public Address offline generieren, damit Du nirgendwo Spuren davon hinterlässt. Während Du Deine Public Address auf Deinem Rechner speichern (und weitergeben) kannst, darf Dein Private Key nirgendwo sonst, als auf dem Stück Papier (oder mehreren), gesichert werden. Das beinhaltet auch keine Ausdrucke, Kopien, Fotos oder Scans davon, weil bei dem Prozess eine Kopie davon im Zwischenspeicher landen und aufbewahrt werden könnte.

Folgende Punkte solltest Du bei der Benutzung einer Paper Wallet beachten:

- Erstelle einen Private Key oder Seed mit dazugehöriger Public Address. Am besten nutzt Du dafür einen Offline-Zufallsgenerator oder zum Beispiel speicherst Du Dir die Seite https://www.bitaddress.org/ offline ab, trennst Deine Internetverbindung und erstellst Dir dort einen Private Key und schreibst ihn ab. Die Public Address speicherst Du auf Deinem Computer.[38]

- Benutze beim Aufschreiben Deines Private Keys oder Seeds einen Bleistift, da dieser länger hält als beispielsweise Kugelschreiber. Dieser könnte sich mit der Zeit auflösen. Das Papier sollte darüber hinaus möglichst dickes Papier sein, das etwas widerstandsfähiger ist. Am besten ist es, wenn Du Dir den Private Key gleich öfters aufschreibst, damit Du ihn an mehreren Orten hinterlegen kannst. Somit hast Du noch ein Backup, falls ein Zettel zerstört oder geklaut wird. Sinnvolle Orte können etwa ein Tresor, ein Bankschließfach oder bei einer Vertrauensperson, wie zum Beispiel Eltern oder Geschwister, sein.

---

[38] Ein Video zur Vorgehensweise findest Du z.B. hier: https://bit.ly/2BrmKou

• Komme nicht auf die Idee, beim Aufschreiben den Key noch irgendwie zu verändern, um es „noch sicherer“ zu machen. Nach einer langen Haltedauer kann es sehr gut sein, dass Du Dich nicht mehr daran erinnerst, was genau Du abgeändert hast. Damit hättest Du den Zugang zu Deinen Coins wohl für immer verloren.

• Du kannst den Zettel zusätzlich schützen, indem Du ihn einlaminierst oder in einen Plastik-Zipper packst. Wenn Du es richtig professionell machen möchtest, dann kannst Du Dir auch ein Kit zum Eingravieren bestellen, wie zum Beispiel den Seedmaster[39]. Dort gravierst Du Deinen Seed auf Metallplatten, die sogar Feuer und Wasser standhalten.

Bedenke zusätzlich, dass Du keine digitale Version Deines Private Keys erstellst. Damit würdest Du die Sicherheit Deines Paper Wallets als Cold Storage sabotieren. Es ist sogar so, dass, sobald Du einmal mit der Paper Wallet Geld verschickst, es zu einem Sicherheitsrisiko kommt. Das liegt darin begründet, dass man zum Verschicken online sein muss und irgendwo seinen Private Key angibt. In dem Moment könnte theoretisch jemand Drittes mitlesen. Während Du auf Deiner Public Address also problemlos viele Geldeingänge verzeichnen kannst, solltest Du Deine Paper Wallet wechseln, sobald Du einmal davon Coins auf ein anderes Konto überwiesen hast. Technisch machst Du es so, dass Du einfach eine neue Paper Wallet erstellst und die Restcoins, die Du nicht an den Empfänger geschickt hast, auf die neue Wallet überweist. Somit gewährleistest Du maximale Sicherheit.

Die Nachteile einer Paper Wallet liegen vor allem in der aufwändigen, aber nicht unmöglichen Erstellung. Sinnvollerweise sollte man eine Paper Wallet für größere Beträge, die man möglichst sicher aufbewahren möchte, verwenden. Schlussendlich gibt es noch das Risiko, dass jemand, der Deine Paper Wallet findet, direkt Zugriff auf Deine „Kryptos“ bekommt. Deshalb ist es umso wichtiger, sich die Aufbewahrungsorte genau zu überlegen.

---

[39] Hier findest Du weitere Infos über den Seedmaster: https://seedmaster.io/

Hot Wallets

Zu den Hot Wallets zählen alle diejenigen Wallets, die einen Private Key generieren beziehungsweise Private Key und Public Address speichern und dem Internet „ausgesetzt" sind. Es handelt sich dabei um eine lokale oder cloudbasierte Software (auch *Soft Wallets* genannt), die beispielsweise am Computer, auf dem Handy oder Tablet benutzt werden kann. Sie sind „heiß", weil sie theoretisch eine andere Person über das Internet knacken könnte. Dazu könnte es schon ausreichen, dass Dein Computer mit Malware infiziert würde. Hot Wallets eignen sich daher eher für kleinere Beträge und für eine kurzfristige Haltedauer.

Fast alle bisherigen „Hacks" und Raube von Bitcoins oder anderen Kryptowährungen lassen sich auf die Benutzung von Hot Wallets zurückführen - auch wenn es in den Nachrichten manchmal heißt, dass „die Blockchain gehackt" wurde. Das ist bisher noch nicht passiert und wird wohl nie passieren. Würde es dennoch passieren, dann wären auch andere vermeintlich sichere Systeme, wie beispielsweise das Internetprotokoll HTTPS, auch nicht mehr sicher, da sie eine ähnliche Verschlüsselung benutzen. Dann hätten wir vermutlich noch ganz andere Probleme.
Zu den Hot Wallets gehören:

1) Desktop Wallets
2) Mobile Wallets
3) Cloud Wallets oder Web-Wallets
4) Exchanges (Krypto Börsen)

#1 Desktop Wallets

Eine *Desktop Wallet* kann nur mit einem Computer benutzt werden. Du lädst ein Programm - die Wallet - herunter und speicherst darin Deinen Private Key Deiner Bitcoins oder *Altcoins*[40]. Das ermöglicht Dir,

[40] Mit Altcoins sind alle anderen Kryptowährungen außer Bitcoin gemeint.

Deinen Kontostand anzeigen zu lassen und Transaktionen auszuführen. Eine Desktop Wallet wird zwar selten physisch gestohlen, aber wahrscheinlicher ist es, dass sie über das Internet gehackt wird. Dabei ist eine Desktop Wallet so sicher, wie der Computer, auf dem sie installiert ist.

Die großen Vorteile einer Desktop Wallet sind, dass sie als Computer-Programm einfach herunterzuladen, zu handhaben und zu aktualisieren sind. Wenn Du eine Desktop Wallet benutzen möchtest, solltest Du allerdings auf jeden Fall regelmäßig ein Backup davon machen. Das vergessen die meisten. Sollte Dein Computer eines Tages kaputt gehen, dann verlierst Du nicht gleich den Zugang zu Deinen Coins. Manche Desktop Wallets unterstützen auch die Verbindung mit einer Hardware Wallet. Eine Übersicht über aktuell gute Desktop Wallets findest Du hier:

	Open Source	Schöne Oberfläche	Altcoins möglich	Unterstützt Hardware Wallets	Handy-Version
Electrum	X	X	-	X	X
Exodus	-	XXX	X	-	-
Copay	X	XX	-	-	X
Armory	X	X	-	X	-

Natürlich kann ich keine Gewähr oder Ähnliches für diese Wallets übernehmen – nicht zuletzt können sich ihre Eigenschaften theoretisch jederzeit ändern. Dennoch sind die genannten Wallets aus meiner Sicht sehr gute Hot Wallets. Der Open Source Charakter sorgt im Weiteren dafür, dass sich wohl kaum ein schädlicher Code ins Programm einschleicht, da er von allen eingesehen werden kann. Electrum und Armory wird darüber hinaus nachgesagt, besonders sicher zu sein. Die Tatsache, dass diese beiden auch Hardware Wallets unterstützen, ist zudem ein Pluspunkt. Als Einstieg und zum „Herumprobieren" könnten sich aber Exodus oder Coapay besser eignen, da sie im einen Fall intuitiver und graphisch schöner und im anderen Fall schlichter sind.

Ganz gleich, für welche Desktop Wallet Du Dich entscheidest, ich empfehle Dir Folgendes:

- Regelmäßige Sicherheitsupdates durchführen
- Eine Firewall und Antivirenprogramm auf Deinem Computer installieren und regelmäßig aktualisieren
- Regelmäßige Software-Updates der Wallet sofort beziehungsweise automatisch installieren
- Wenn möglich, zusätzliche Sicherheitsmaßnahmen aktivieren (z.B. Passwort, Multi-Signature oder Ähnliches)
- Regelmäßig ein Backup Deiner Wallet erstellen (lassen) und den Private Key oder Seed als als Paper Wallet Backup notieren

#2 Mobile Wallets

Eine *Mobile Wallet* wird auf Dein Handy heruntergeladen. In der Regel gibt es eine Version für Android (APK) und IPhone (iOS). Während es auf der einen Seite praktisch ist, seine Coins immer griffbereit und „dabei" zu haben, bergen Mobile Wallets größere Sicherheitsrisiken. Das liegt vor allem daran, dass das Handy leicht geklaut oder zerstört werden kann. Darüber hinaus sind sie als Hot Wallets mit dem Internet verbunden und theoretischen Hacker-Attacken ausgesetzt. Leicht kann man sich auch andere Schwachstellen, wie zum Beispiel über Bluetooth vorstellen. Genau wie bei den Desktop Wallets sind Deine Coins bei einer Mobile Wallet so sicher wie das Betriebssystem selbst. Hat Dein Handy einen Virus oder einen Trojaner, könnte dies das Ende Deiner Coins bedeuten.

Vielleicht mögen die Sicherheitswarnungen übertrieben sein (schließlich nutzen eine Vielzahl an Menschen Mobile Wallets), doch nichts ist ärgerlicher, als von jetzt auf gleich alle seine Coins zu verlieren. Wie bei allen Hot Wallets solltest Du deshalb nur eine überschaubare Anzahl an Coins auf einer Mobile Wallet speichern. Eine Übersicht über gute Mobile Wallets habe ich Dir hier zusammengestellt:

	Open Source	Leichte Oberfläche	Altcoins möglich	Unterstützt Hardware Wallets	Desktop oder Web Version
MyCelium	X	XX	(X)	X	-
BreadWallet	X	XXX	X	-	-
Jaxx	-	XX	X	-	X
Coinomi	nicht mehr	XXX	X	-	(X)

MyCelium sticht dabei definitiv heraus, da es die Anbindung von Hardware Wallets unterstützt. Dadurch, dass man den Private Key also nicht auf der Mobile Wallet speichern muss, wird die ganze Geschichte deutlich sicherer. Während aktuell allerdings nur Bitcoin unterstützt wird, ist die Anbindung von weiteren Kryptowährungen in Arbeit. Wenn Du mit dem Gedanken spielst, Dir eine Mobile Wallet zuzulegen, solltest Du Dir auf jeden Fall diese vier Kandidaten einmal näher anschauen. Während MyCelium und BreadWallet als Open Source Projekte per se vertrauenswürdiger sind, warten Jaxx und Coinomi damit auf, dass sie auch eine Desktop-, beziehungsweise eine Web-Version zur Verfügung stellen. Bei Coinomi ist diese bei Veröffentlichung dieses Buchs noch in Arbeit.

Solltest Du Dir eine Mobile Wallet zulegen, dann beachte auf jeden Fall diese Tipps:

- Führe regelmäßige Sicherheitsupdates auf Deinem Handy durch
- Nutze wenn möglich ein Antiviren-App und eine Firewall
- Aktualisiere die Mobile App, sobald eine neue Version verfügbar ist
- Nutze zusätzliche Sicherheitsvorkehrungen, wie zum Beispiel eine PIN als Walletschutz
- Erstelle ein Backup Deines Private Keys oder Seeds als Paper Wallet
- Auf gar keinen Fall größere Mengen an Coins vorhalten!

Darüber hinaus werden nicht alle Wallet-Apps von GooglePlay geprüft. Nimm Dich deshalb in Acht vor gefakten Apps, die Dir lediglich den Kontostand leerräumen wollen. Lade keine No-Name-Wallets herunter und gehe für den Download über die offizielle Webseite des Herausgebers.

#3 Cloud Wallets

Als *Web Wallets*, *Cloud Wallets* oder *Online Wallets* werden jene Wallets bezeichnet, auf die Du nur über das Internet zugreifen kannst. Das bedeutet gleichzeitig, dass Du den Private Key selbst gar nicht hast, sondern dieser eben in der Online Wallet gespeichert ist. Auf die Coins kannst Du dann mit einem Kennwort und weiteren Sicherheitsmaßnahmen, wie zum Beispiel der Zwei-Faktor-Authentisierung (2FA)[41], zugreifen. Die Vorteile (und gleichzeitig auch Nachteile) einer Online Wallet bestehen vor allem in dem Schutz des Users vor sich selbst und der Praktikabilität. Wer nicht auf den Private Key aufpassen muss, der kann ihn auch nicht verlieren. Ähnlich wie auch Deine Bankdaten oder E-Mails bisher sicher von einem Unternehmen zentral gespeichert und beschützt werden, wird Deine Online Wallet und die darin enthaltenen Private Keys ebenso geschützt. Eine „lästige" Paper Wallet oder Ähnliches muss nicht erstellt werden.

So nutzerfreundlich und bequem Online Wallets auch sind, umso schneller unterschätzt man leider auch das Risiko, welches man mit der Nutzung eingeht. Der große Nachteil ist: Du hast den Private Key Deiner Kryptos eben nicht und bist daher zu 100% von einer externen dritten Partei abhängig. Am Ende des Tages weißt Du nicht, wie sicher sie wirklich mit Deinen Daten (Private Keys) umgeht. Darüber hinaus sind die Server der Anbieter von Online Wallets natürlich beliebte Angriffsziele für Hacker. Schaffen sie es, an die Liste der Private Keys zu gelangen, dann könnten sie mit einem Streich alle Konten leerräumen. Das ist ein riesengroßer Anreiz, der nicht unterschätzt werden sollte.

Die einzigen beiden nennenswerten Cloud Wallets sind aus meiner Sicht Bitcoin.de und Coinbase - obwohl es natürlich noch viel mehr Anbieter gibt, die ich nicht alle kenne und deshalb auch nicht empfehlen möchte. Das Praktische ist, dass man dort direkt Bitcoin mit Fiatwährung (Euro) einkaufen kann. Das wäre also auch Dein aus meiner Sicht bester erster Einstiegspunkt, um Dir Bitcoins oder Ethereum zu kaufen.[42]

Der Anmeldeprozess bei Bitcoin.de hat bei mir deutlich länger gedauert (ein Konto bei der Fidor Bank muss eröffnet werden) als bei

---

[41] Sicherheitsverfahren, bei dem man sich zusätzlich ausweisen muss, z.B. über einen Code per SMS oder Mail, den man beim Login zusätzlich mit eingeben muss.

[42] Wenn Du Dich über diesen Link bei Coinbase anmeldest, bekommen Du und ich Bitcoin im Wert von 8€ geschenkt: https://bit.ly/2wLlsA5

Coinbase. Das Gute bei beiden Portalen ist, dass sie nur einen Teil der gehandelten Bitcoins in Hot Wallets vorhalten. Der weitaus größere Teil wird zur Sicherheit in Cold Storages an verschiedenen Standpunkten aufbewahrt. Auch wenn dies eine gewisse Sicherheit suggeriert, sind die Server beider Unternehmen natürlich beliebte Angriffspunkte. Solltest Du dort also eine größere Menge Bitcoin kaufen, dann macht es durchaus Sinn, diese an eine Adresse einer sicheren Paper Wallet, auf die nur Du zugreifen kannst, zu schicken.

#4 Exchanges (Börsen)

Bei sogenannten *Exchanges* handelt es sich um Kryptobörsen, auf denen viele verschiedene Kryptowährungen, in manchen Fällen Hunderte davon, gehandelt werden können. Exchanges sind ebenfalls Online Wallets - Du kennst den Private Key der Kryptowährungen, die Du dort hältst, also nicht. Der riesen Vorteil von Exchanges ist, dass sie extrem praktisch sind und optisch einiges hermachen. So zeigen Exchanges zum Beispiel die grafische Kursentwicklung von den unterschiedlichsten Kryptopaaren an. Man kommt richtig in Investitionsstimmung bei den ganzen Möglichkeiten und den aufbereiteten Trading-Desks.

Jede Kryptobörse listet unterschiedliche Kryptowährungen, von daher macht es durchaus Sinn, sich bei mehreren Exchanges anzumelden. Damit streust Du außerdem das Risiko, sollte eine Exchange einmal von einem Hackerangriff betroffen sein. Das hört sich vielleicht übertrieben an, aber es ist gar nicht so weit hergeholt, wie beispielsweise die zu der Zeit größte Exchange (nach Handelsvolumen) MtGox im Jahre 2014 feststellen musste. Zu der Zeit gingen Bitcoin im damaligen Wert von einer halben Milliarde US-Dollar verloren![43] Bei einem weiteren Hack im Jahr 2016 wurden von der Exchange Bitfinex Bitcoins im damaligen Wert von 72 Millionen US-Dollar gestohlen. Bitfinex schaffte es allerdings, ein Jahr später seine betroffenen Kunden in gleicher Höhe zu entschädigen.[44] Auch 2018 gab es bereits einen größeren Diebstahl: Im

---

[43] 28.6.2014, Welt.de: https://bit.ly/2MLSuKh

[44] 4.4.2017, Heise: https://bit.ly/2oGRqsT

Januar wurde von der Kryptowährung NEM ein Gegenwert von 530 Mio. US-Dollar gestohlen. Betroffen war die in Japan ansässige Börse Coincheck, genauer gesagt 260.000 Kunden, die NEM dort gehalten hatten. Die Börse möchte nach eigenen Aussagen für 90% der Verluste ihrer Kunden geradestehen.[45]

Nicht zuletzt aus Sicherheitsaspekten und um Geldwäsche zu vermeiden, musst Du Dich bei der Anmeldung auf einer Exchange auch im Rahmen des *KYC* (Know Your Customer, Deutsch: Kenne Deinen Kunden) legitimieren. Dafür musst Du in der Regel ein Foto von einer Identifikation (Dein Ausweis oder Reisepass), und teilweise auch von Dir selbst, hochladen und zusätzlich noch einen Adressnachweis. An dieser Stelle merkst Du, dass man so im Fall der Fälle also gar nicht so anonym ist, wie Viele vielleicht annehmen.

Um erste Erfahrungen zu sammeln, kleinere Beträge anzulegen, kurzfristig zu Handeln und um in Kryptowährungen zu investieren, für die Du keine extra Wallet erstellen möchtest, sind Exchanges perfekt geeignet. Möchtest Du größere Beträge aufbewahren, solltest Du unbedingt auf einen Cold Storage zurückgreifen.

Bisher gute Erfahrungen habe ich mit folgenden Exchanges gemacht:

• Coinbase Pro: https://pro.coinbase.com/
Die Exchange von Coinbase. Du kannst von Deinem Coinbase-Konto direkt Fiatgeld oder Coins auf die Exchange laden. Aktuell werden allerdings nur wenige Kryptowährungen unterstützt.

• Binance: https://www.binance.com/?ref=23392398[46]
Eine der größten Exchanges mit einem guten Backend sowohl für Anfänger, als auch für Fortgeschrittene. Es ist möglich, eine Vielzahl von Kryptowährungen zu handeln.

• Cryptopia: https://www.cryptopia.co.nz/

---

45 29.1.2018, Wirtschaftswoche: https://bit.ly/2Mau1cJ

46 Wenn Du Dich über diesen Affiliate-Link anmeldest, unterstützt Du unsere Arbeit.

Kleinere Exchange, auf der oftmals auch seltenere Kryptowährungen gelistet werden.

• Kraken: https://www.kraken.com/
Eine mittelgroße Exchange, die sehr bekannt ist.

Auf der Seite https://coinmarketcap.com/de/ kannst Du Dir darüber hinaus die nach Handelsvolumen größten Börsen anzeigen lassen.

In Zukunft werden zudem dezentrale Börsen eine immer größere Rolle spielen, weil sie dezentral mit der Blockchain-Technologie abgesichert sind. Bei ihnen haben Hacker kein zentrales Angriffsziel und somit eine geringe Motivation, sich in ein teilnehmendes System zu hacken. Dezentrale Kryptobörsen müssen zwar noch den Test der Zeit bestehen und noch ausreichend getestet werden, stellen aber aus meiner Sicht eine interessante Alternative zu herkömmlichen Börsen dar.

Eine bekannte, dezentrale Börse ist zum Beispiel Bitshares:
https://bitshares.org/

Was ist ein Seed?

Private Keys stellen ein kryptografisches Schlüsselelement Deiner Kryptowährungen dar. Der große Nachteil von ihnen ist, dass man für jede einzelne Kryptowährung einen anderen Private Key braucht. Somit wäre es eine logistische Meisterleistung, alle diese Keys nachzuhalten und sicher aufzubewahren. Aus genau diesem Grund wurden 2013 im Rahmen vom BIP-0032 (*Bitcoin Improvement Proposal*, auf Deutsch: Bitcoin Verbesserungsvorschlag) sogenannte *Mnemonic Seeds* eingeführt. Von einem Seed kann man eine Vielzahl an Private Keys für unterschiedliche Kryptowährungen ableiten. Sie stellen also eine Backup-Lösung für Deine Private Keys dar. Außerdem werden sie im Rahmen von Deterministischen Wallets, auf die wir später noch zu sprechen kommen, verwendet.

Mnemonic Seeds bestehen aus einer bestimmten Anzahl an Wörtern, meistens 12 oder 24, die zufällig aus dem Wortschatz einer Sprache ausgewählt werden. Im Englischen gibt es beispielsweise eine Liste von 2048 Wörtern, aus denen ein Seed erstellt werden kann. Im Internet findest Du hier[47] die Wortlisten für verschiedene Sprachen und hier[48] ein kostenloses open-source Tool, welches Dir einen Seed nach bestimmten Vorgaben generieren kann. Schau Dir das Tool am besten einfach mal an, um einen Eindruck zu bekommen.

Ein zwölfstelliger Seed könnte zum Beispiel so aussehen:
Talk amateur wolf zone grow cement lion snake solve unique leg egg

Je nachdem welche Wörter und in welcher Reihenfolge sie in dem Seed auftauchen, ist der Output ein ganz unterschiedlicher Private Key. Es reicht also nicht, sich die einzelnen Wörter bloß zu merken oder aufzuschreiben, sondern man muss auch ihre exakte Reihenfolge kennen. Das Besondere ist, dass Du Dir, unabhängig von der Wallet, Deine Pri-

---

47 Wortlisten für Mnemonic Seeds: https://bit.ly/2HBYY8J

48 Mnemonic Code Converter: https://bit.ly/2Bcakgl

vate Keys von dem Seed ableiten (lassen) kannst. Aus meiner Sicht gibt es keinen Grund, einen Mnemonic Seed nicht zu verwenden.

Folgende Grafik soll die Funktionsweise eines Seeds veranschaulichen:

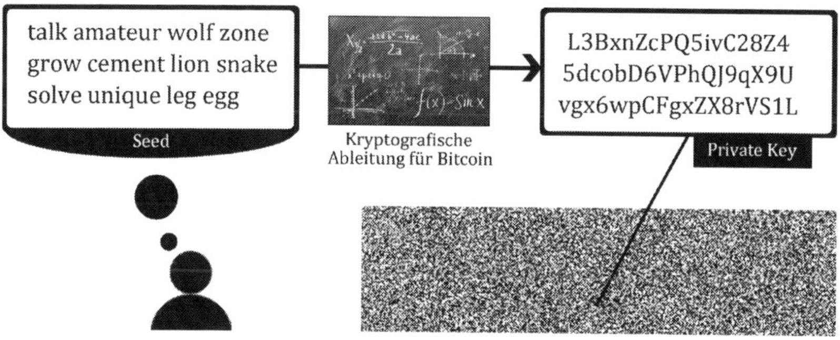

Abbildung 6: Der Benutzer muss sich nur noch den Seed merken und kann sich von diesem jederzeit seine Private Keys ableiten. Der einzelne Private Key wiederum kann die Kryptoeinheiten in seiner spezifischen Public Address bewegen – hier dargestellt als ein Punkt im Meer der Möglichen Public Addresses.

Da theoretisch jeder, der den Seed kennt, Zugriff auf Deine Kryptos bekommen kann, musst Du den Seed so sicher wie möglich aufbewahren. Beachte dazu vor allem die Ratschläge aus dem Kapitel über Paper Wallets. Folgende Tipps solltest Du bezüglich Deines Seeds besonders beherzigen:

- Gib den Seed niemals weiter.
- Speichere den Seed nicht elektronisch ab.
- Gib den Seed nicht irgendwo im Internet ein.

Mittlerweile unterstützen die meisten Wallets Mnemonic Seeds, insbesondere jene, in denen Du mehrere Kryptowährungen „aufbewahren" kannst. Seeds sind insbesondere für deterministische Wallets extrem wichtig.

Was sind deterministische Wallets?

Wallets für mehrere Kryptowährungen werden *deterministische Wallets* genannt, wenn sie einen Seed benutzen, um die verschiedenen Private Keys der Kryptowährungen abzuleiten. Der Clou ist, dass sie für neue Transaktionen auch eine Vielzahl von Public Addresses ableiten können. Jede neue Public Address wird aus der vorherigen erzeugt. Mit dem Private Key ist es dann möglich, dass Du auf alle abgeleiteten Public Addresses zugreifen kannst. Die Wallet überprüft also nicht nur, ob Deine erste Public Address Bitcoin enthält, sondern auch die davon abgeleiteten Adressen. Als Benutzer bekommst Du von dem Prozess nichts mit. Du bemerkst die Nutzung einer deterministischen Wallet eigentlich nur daran, dass sich die Public Address, die Du Dir anzeigen lässt, ständig ändert.

Der Vorteil von deterministischen Wallets liegt in der Sicherheit und Privatsphäre. Da für jeden Geldempfang praktisch ein neues Konto erstellt wird, ist die gesamte Höhe an Bitcoin, die Du besitzt, auf verschiedene Konten (Public Addresses) aufgeteilt. Dies bietet Dir einen zusätzlichen Schutz gegen Hacks oder bei Adresskollisionen. Hinzu kommt, dass die Blockchain sehr transparent ist. Man könnte theoretisch schnell herausfinden, wie viel Geld ein Nutzer insgesamt besitzt, indem man die Zahlungseingänge auf eine Public Address beobachtet. Durch die Benutzung immer neuer Empfangsadressen wird diese Zuordnung deutlich erschwert.

Eine Weiterentwicklung von deterministischen Wallets sind schließlich *hierarchische deterministische Wallets* (HD Wallets). Sie charakterisiert zusätzlich noch die hierarchische Struktur, bei der im ersten Schritt ein *Master Private Key* (auch: *Root Key*) erzeugt wird. Von ihm wiederum werden viele Private Keys abgeleitet, die jeweils ihre eigene Public Address haben. In der Praxis merkst Du davon nichts, da Du Dir lediglich den Seed merken musst und der Rest von der Wallet übernommen wird.

Die folgende Abbildung soll die Funktionsweise von HD Wallets anschaulich darstellen:

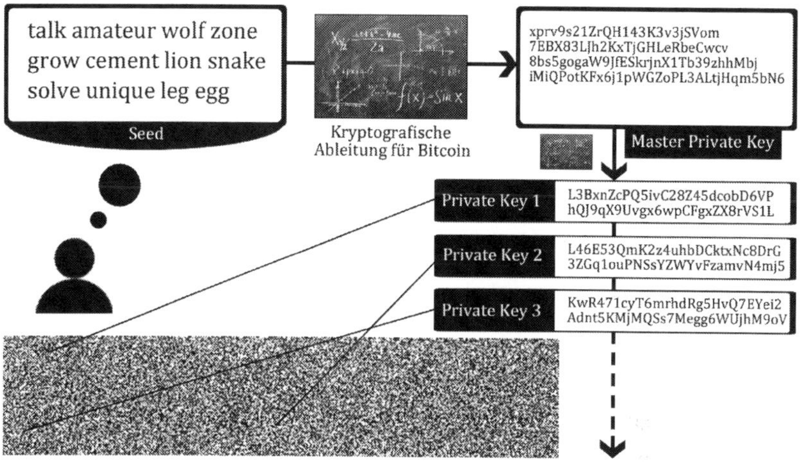

Abbildung 7: Auch bei einer HD Wallet merkt sich der Benutzer lediglich den Seed. Durch kryptografische Verschlüsselung wird im ersten Schritt ein Master Private Key erstellt, mit dem sich im Anschluss theoretisch unendlich viele Private Keys mit Public Addresses erstellen lassen können.

Alle Wallets, die einen Seed unterstützen, sind heutzutage in der Regel auch deterministische Wallets. Je nach Walletanbieter werden unterschiedliche Ableitungen von dem Seed verwendet. Die aktuell am häufigsten Verwendeten sind „BIP32“ und „BIP44“.

Was sind Forks?

Bei einer Blockchain kann es vorkommen, dass Veränderungen des zugrundeliegenden Protokolls durchgeführt werden. Dies funktioniert dann, wenn die Mehrheit sie als Verbesserung ansieht und deshalb das neue Protokoll akzeptiert. Früher oder später werden alle dieses neue Protokoll übernehmen. In diesem Fall reden wir von einem *Soft Fork*. Es handelt sich bei diesem Fork (Deutsch: Gabelung) sozusagen um ein Update des Blockchain-Protokolls.

Bei einem *Hard Fork* dagegen sind nicht alle Teilnehmer mit dem neuen Protokoll einverstanden. In diesem Fall passiert etwas Interessantes: Beide Protokolle laufen nebenher weiter und eine neue Kryptowährung entsteht. Je nachdem wie stark die beiden Kryptowährungen genutzt werden, kann es später sein, dass eine davon komplett untergeht. Der wohl bekannteste Hard Fork, bei dem beide Kryptowährungen erfolgreich weiterlaufen, ist der von Ethereum (ETH) in Ethereum (ETH) und Ethereum Classic (ETC) im Jahr 2016.

Das Besondere bei einem Hard Fork ist, dass Du als Coinhalter nach dem Fork die gleiche Menge an Coins in beiden Kryptowährungen besitzt. Das liegt darin begründet, dass beide Kryptowährungen bis zum Split die gleiche Vergangenheit inklusive Deines Kontostandes aufweisen. Bei einem Hard Fork ist es extrem wichtig, selbst den Private Key zu besitzen. Mit ein und demselben Private Key kannst Du so Deine Coins auf beiden Blockchains kontrollieren. Kennst Du den Private Key nicht, weil Du die „geforkte" Kryptowährung lediglich auf einer Exchange hast, kannst Du auf die neuen Coins der Kryptowährung nicht zugreifen. Siehe also unbedingt zu, dass Du vor einem Fork selbst den Private Key kontrollierst.

Es kann allerdings auch passieren, dass eine ganz neue Kryptowährung auf Codebasis geforkt wird, die nicht die alte Transaktionshistorie übernimmt. Das geschah beispielsweise im Jahr 2011, als Charlie Lee, ein ehemaliger Google-Mitarbeiter, eine Verbesserung vom Bitcoin Protokoll vorschlug. Neben einem neuen Mining-Algorithmus (Scrypt statt SHA256) sollten neue Blöcke schneller entstehen (alle zweieinhalb statt alle zehn Minuten) und die maximale Anzahl an Coins auf 84 Millionen, statt 21 Millionen gedeckelt sein. In diesem Fall wurde der Code von Bitcoin einfach kopiert und die Kryptowährung Litecoin (LTC) war geboren. Sie fing, genau wie Bitcoin zur Geburt, bei einem neuen Genesis-Block 0 an. Während für viele Bitcoin das digitale Gold ist, wird Litecoin oftmals als das digitale Silber angesehen.

Welche Anwendungsbereiche gibt es?

Auch wenn Bitcoin die bekannteste Kryptowährung ist, ist es bei Weitem nicht die einzige. Mittlerweile gibt es an die 2.000 unterschiedlichen Kryptowährungen! Dabei musst Du natürlich nicht alle kennen, sondern vielmehr geht es beim Investieren in Kryptowährungen darum, sich die attraktivsten Kandidaten herauszusuchen.

Damit Du einen ersten Anhaltspunkt bekommst, stelle ich Dir hier ein paar Kryptowährungen vor, die einen bestimmten Anwendungsreich bedienen. Wenn Dich eine Kryptowährung näher interessiert, solltest Du diese unbedingt im Internet näher recherchieren und insbesondere die Investitionskriterien aus Kapitel 4 berücksichtigen.[49]

Zahlungsmittel

Diese Kryptowährungen wurden mit dem Zweck erfunden, besseres Geld zu sein. Mit Ihnen kannst Du Waren und Dienstleistungen kaufen oder einfach nur Zahlungskraft an eine andere Person übertragen.

Kryptowährungen in diesem Bereich sind:
Bitcoin (BTC)
Litecoin (LTC)
Bitcoin Cash (BCH)
Bitcoin Gold (BTG)

Privatsphäre (Privacy Coins)

Sogenannte Privacy Coins sind eine kleine Weiterentwicklung der Kryptowährungen als Zahlungsmittel. Der kleine, aber große Unterschied ist, dass die Teilnehmer dieser Kryptowährungen tatsächlich (oder optional) anonym bleiben. Je nach Coin ist es also nicht mehr

---

49 Ich werde in Kürze ein Buch veröffentlichen, in dem ich die aus meiner Sicht interessantesten Kryptowährungen nach verschiedenen Investitionskriterien analysiere.

möglich, herauszufinden, wer die Coins verschickt hat oder wie viele Coins verschickt wurden.

Kryptowährungen in diesem Bereich sind:
Dash (DASH)
Monero (XMR)
Zcash (ZEC)
PIVX (PIVX)
NavCoin (NAV)
CloakCoin (CLOAK)
Enigma (ENG)
DeepOnion (ONION)

Plattformen

Kryptowährungen als Plattform sind aus meiner Sicht besonders interessant. Sie stellen die Blockchain für anderen Kryptowährungen. Neue Unternehmen können sich also die Blockchain-Infrastruktur einer solchen Kryptowährung zunutze machen, ohne sich selbst noch um die Validierung von Blöcken kümmern zu müssen. Sie erstellen zum Beispiel dezentrale Apps (dApps) oder eine neue Kryptowährung, dessen Grundlage eine Reihe von Smart Contracts sind.

Diese neuen Kryptowährungen werden auch *Token* genannt und können ein Wirtschaftsgut, einen Vermögensgegenstand oder einen Vermögenswert darstellen. Wie Du Dir vorstellen kannst, können dies theoretisch eine ganze Menge an Dingen sein - beispielsweise auch Grundbucheinträge, Aktien oder sonstige Besitzansprüche.

Ethereum ist mit seinen Smart Contracts die erste und bekannteste Kryptowährung der Blockchain-Plattformen. *Smart Contracts* sind genau das, was sie beschreiben: Intelligente Verträge, die unabhängig von den teilnehmenden Parteien automatisch bei bestimmten Ereignissen ausgeführt werden. Mit ihnen lässt sich auf Mittelsmänner verzichten und stattdessen wird in die neutrale Ausführung des Codes vertraut.

Kryptowährungen in diesem Bereich sind:
Ethereum (ETH)
Ethereum Classic (ETC)
NEO (NEO)
EOS (EOS)
Cardano (ADA)
Tezos (XTZ)
Lisk (LSK)
Stratis (STRAT)
Counterparty (XCP)

Internet of Things

Die Kryptowährungen in diesem Bereich haben sich die Kommunikation der *Internet of Things*-Geräte (Internet der Dinge, auch: *IoT*) auf die Fahnen geschrieben. Dabei benutzen nicht alle diese Kryptowährungen die Blockchain-Technologie. IOTA zum Beispiel benutzt das sogenannte Tangle, das ohne Blöcke auskommt.

Ein Anwendungsbeispiel ist zum Beispiel die Kommunikation von Deinem Auto mit dem Parkhaus, welches dann automatisch die Gebühren bezahlt, ohne dass Du die Geldbörse zücken musst. Insgesamt geht es um die Kommunikation von Maschine zu Maschine. Ein Großteil von Projekten gibt es im Industriesektor, im Bereich *Smart City* und *Smart Energy*.

Kryptowährungen in diesem Bereich sind:
IOTA (MIOTA)
IoT Chain (ITC)
Atonomi (ATMI)
IoTeX (IOTX)

Logistik

Im Bereich Logistik gibt es Unternehmen, die mithilfe der Blockchain-Technologie und RFID-Chips (Chips zur Identifizierung mit Hilfe elektromagnetischer Wellen) eine lückenlose Überwachung der Supply-Chain gewährleisten wollen. Somit weiß der Kunde immer ganz genau, wo sich sein spezifisches Produkt befindet. Darüber hinaus gibt es unter anderem im medizinischen Bereich bestimmte Produkte (Arzneimittel), die eine bestimmte Temperatur nicht überschreiten oder unterschreiten dürfen. Die Produkttemperatur könnte mit den Chips lückenlos für ein spezifisches Produkt überwacht und direkt auf die Blockchain geschrieben werden.

Kryptowährungen in diesem Bereich sind:
Waltonchain (WTC)
VeChain (VET)
WaBi (WABI)

Dezentraler Cloud-Speicher

Ein weiterer interessanter Anwendungsbereich ist ein dezentraler Cloud-Speicher. Mit diesen Kryptowährungen kannst Du Speicherplatz nach Bedarf einkaufen oder auch bereitstellen. Der Clou: Die Dateien landen nie komplett bei einem hostenden Teilnehmer, sondern werden vorher in viele kleine Teile gestückelt (und mehrfach weiterkopiert).

Dadurch wird eine besonders hohe Sicherheit gewährleistet – insbesondere gegenüber traditionellen, zentralen Anbietern von Cloud-Speichern. Dort kann sich theoretisch ein Hacker Zugriff auf den Server verschaffen und die Dateien von zahlreichen Kunden auf einmal klauen. Hackt jemand einen Teilnehmer des dezentralen Cloud-Speichers, erhält der Hacker maximal ein Fragment einer Datei.

Wenn Du sogar dezentrale Cloud-Speicher selbst nutzen, also nicht lediglich in diesen Bereich investieren möchtest, dann solltest Du unbedingt darauf achten, dass Dein eigener Computer vor Hackerangriffen geschützt ist.

Kryptowährungen in diesem Bereich sind:
Siacoin (SC)
Filecoin (FIL)
Storj (STORJ)
MaidSafeCoin (MAID)
Swarm (SWM)

Supercomputer

Dieser Anwendungsbereich macht sich die Tatsache zunutze, dass viele Menschen ihre Computer nicht ausreichend nutzen. Teilnehmer dieser Kryptowährungen können so ihre Computerkapazitäten, insbesondere Prozessor und Arbeitsspeicher, dem gesamten Netzwerk zur Verfügung stellen. So entsteht ein Supercomputer mit enormer Rechenleistung!

Größere Projekte, die aufwändige Berechnungen durchführen möchten, können sich diese Rechenleistung einkaufen. Der riesen Vorteil: Sie müssen nicht selbst in kostspielige Computer-Hardware investieren. Anwendungsbereiche sind zum Beispiel Datenanalyse (Big Data), Machine Learning, Künstliche Intelligenz oder wissenschaftliche Forschungen.

Kryptowährungen in diesem Bereich sind:
Golem (GNT)
SONM (SNM)

Social Media

Auch im Bereich Social Media gibt es Blockchain-Potential: Kryptowährungen in diesem Bereich möchten es Nutzern ermöglichen, schnell und einfach ein kleines Trinkgeld an gute Content-Ersteller zu schicken. Dadurch könnte Social Media verbessert werden, da somit ein höherer Anreiz besteht, guten Content zu erstellen. Weitergehend motiviert es seine Teilnehmer zur Interaktion. Somit haben sie ein stärkeres Gefühl, Teil des Ganzen zu sein und Einfluss ausüben zu können.

Kryptowährungen in diesem Bereich sind:
Steem (STEEM)
ReddCoin (RDD)

Gaming & Entertainment

Gerade im Megatrend Gaming und Entertainment bietet die Blockchain eine Fülle an Möglichkeiten. Ein gutes Beispiel sind Kryptowährungen, die in einem dezentralen Spiel benutzt werden können. Mit ihnen kannst Du Items oder sogar ganze Landschaftsblöcke kaufen und wieder verkaufen. Manche Kryptowährungen bedienen sogar einen großen Marktplatz, auf dem man Gegenstände von bekannten Spielen untereinander handeln kann.

Kryptowährungen in diesem Bereich sind:
WAX (WAX)
DMarket (DMT)
Decantraland (MANA)
TaTaT (TTU)
TRON (TRX)

Dezentrale Börsen

Durch den großen Anreiz für Hacker, sich in eine zentrale Börse zu hacken und alle Kundengelder zu stehlen, entstand die Idee von dezentralen Börsen. Der große Unterschied zu normalen Exchanges: Die Kundengelder liegen eben nicht alle auf einem Server, sondern werden durch dezentrale Blockchain-Technologie gut geschützt.

Kryptowährungen in diesem Bereich sind:
BitShares (BTS)
Waves (WAVES)
OmiseGo (OMG)
IDEX Membership (IDXM)
0x (ZRX)
Loopring (LRC)

Exchange Tokens

Unter diese Rubrik fallen die eigenen Kryptowährungen der Kryptobörsen. Dort erhält man vergünstigte Gebühren, wenn man mit dem Token der Börse bezahlt, statt etwa in Euro oder anderen Kryptowährungen. Sie erschaffen dadurch selbst die Nachfrage nach ihrer eigenen Währung.

Kryptowährungen in diesem Bereich sind:
Binance Coin (BNB)
Huobi Token (HT)
Bibox Token (BIX)

Banken & Fintech

Wer denkt, dass Banken nicht von der Blockchain-Technologie profitieren wollen, der hat weit gefehlt! Einige Kryptowährungen haben es sich zum Ziel gemacht, das aktuelle Bankensystem mithilfe der Blockchain zu verbessern oder bestimmte finanzielle Services zu übernehmen.

Kryptowährungen in diesem Bereich sind:
Ripple (XRM)
Stellar (XLM)
TenX (PAY)
SALT (SALT)
DAI (DAI)
PayPie (PPP)

Weitere Möglichkeiten

Buchhaltung

Überall dort, wo wir normalerweise einen Notar benötigen würden oder besonders sensible Informationen gespeichert werden sollen, stellt die Blockchain-Technologie ein großes Verbesserungspotential dar. So kann man sich sehr gut vorstellen, dass zum Beispiel Grundbucheinträge, die gesamte Buchhaltung einer Stadtverwaltung, Deine medizinische Behandlungshistorie (Akte), Patente, oder Deine Vermögenswerte schon in nicht allzu ferner Zukunft durch die Blockchain abgesichert sein werden.

Sicherheit & Verifizierung

Besonders praktisch wäre es, Ausweisdaten auf der Blockchain zu speichern. So könnten diese einerseits nicht verloren gehen oder ablaufen, andererseits könnten wir uns so im Internet oder an anderen Orten schnell und einfach ausweisen.

Automobilindustrie

Abgesehen von Verbesserungen durch Logistik und dem Internet of Things kann die Automobilindustrie zum Beispiel von besseren Schlosssystemen profitieren, die etwa eine sichere Verbindung von Handy und Auto herstellen können. Eine weitere Möglichkeit wäre das manipulationsfreie Auslesen von Kilometerständen und Hinterlegen von durchgeführten Reparaturen für ein jeweiliges Auto.

Marktplätze

Blockchain-Technologie könnte genutzt werden, um alle bestehenden Marktplätze disruptiv zu verbessern. Dadurch, dass keine hohen Gebühren an Mittelmänner bezahlt werden müssen, ist dies definitiv ein sehr interessanter Bereich. Betroffene Marktplätze könnten zum Beispiel eBay, Amazon, Uber, AirBnB und viele mehr sein. Dabei wird sich noch herausstellen, ob diese Unternehmen vielleicht selbst eine Lösung mit Blockchain-Technologie finden und sich dadurch selbst „disrupten", ob sie ersetzt werden oder ob sie sich durch besonderen Service eben doch in ihrer aktuellen Form durchsetzen.

Künstliche Intelligenz

Schließlich gibt es noch den spannenden Bereich der Künstlichen Intelligenz (KI). Projekte wie SingualirtyNET (AGI) arbeiten an einer solchen künstlichen Intelligenz, die auf Abruf gemietet werden kann. Gleichzeitig wird diese demokratische KI immer schlauer und besser, da sie die Nutzungsdaten ihrer Anwender analysiert.

Kapitel 4: Investieren in Krypto

Es wird Zeit, von dem Krypto-Boom zu profitieren! Bevor Du jetzt aber „echtes“ Geld in die Hand nimmst, solltest Du Dir eines klar machen: Investiere nur so viel Geld, wie Du auch bereit bist, zu verlieren. Eine Investition in Kryptowährungen ist aufgrund der extrem volatilen Kurse eine Investition mit Risikokapital, bei der Du alles verlieren kannst.

Auch wenn vielleicht die Blockchain als Ganzes eine Erfolgsgeschichte ist, bedeutet das nicht automatisch, dass alle Kryptowährungen überleben werden. Das Gegenteil ist der Fall: Ähnlich wie bei der Einläutung des Internet-Zeitalters werden auch im Kryptobereich weit über 99% der neuen Unternehmen scheitern. Analog zur Dotcom-Blase, die im Jahr 2000 geplatzt ist, wird es auch im Kryptobereich eine große Marktbereinigung geben. Die Gewinner werden die neuen Googles, Amazons, Apples und Facebooks der Zukunft sein und überproportional von dem Krypto-Trend profitieren.

Laut einer repräsentativen Umfrage der Postbank besitzen ca. 3% der Bundesbürger Kryptowährungen als Geldanlage.[50] Bei den 18- bis 34-jährigen sind es sogar 6%. Das Potential nach oben ist enorm! Zum Vergleich: Im Aktienbereich sind ca. 14% der Deutschen über 14 Jahren in Aktien investiert. Da der Einstieg in Kryptowährungen dank Krypto-Boom und anwendungsfreundliche Applikationen einfach zu bewerkstelligen ist, wird die Anzahl der Krypto-Investoren in wenigen Jahren die der Aktien-Investoren weit übersteigen – so meine persönliche Prognose.

In diesem Kapitel gehen wir gemeinsam die ersten Schritte durch, um in Bitcoin & Co. zu investieren. Anschließend schauen wir uns relevante Investitionskriterien an, die Du auf alle Kryptowährungen anwenden kannst. Neben dem steuerlichen Aspekt und weiteren wichtigen strategischen Überlegungen, schauen wir uns 3 attraktive Investmentideen im Detail an. Darüber hinaus zeige ich Dir alternative Wege auf, vom Krypto-Boom zu partizipieren und gebe Dir meine 5 goldenen Krypto-

50 Postbank Digitalstudie 2018, März 2018: https://bit.ly/2NMWXNC

Investitionsregeln mit an die Hand. Am Ende des Kapitels gebe ich Dir noch einen kritischen Blick in die Zukunft der Blockchain-Technologie und Kryptowährungen.

Die ersten Schritte

Der erste konkrete Schritt ins Kryptouniversum ist meistens der Schwierigste. Auf der einen Seite gibt es Anfänger, die sich direkt Hals über Kopf ins Abenteuer Krypto stürze und so riskieren, schnell ihr gesamtes Geld zu verlieren. Auf der anderen Seite sind die Beginner, die direkt von Anfang an alles so perfekt wie möglich aufbauen wollen. Dadurch laufen sie allerdings Gefahr, dass sie gar nichts unternehmen, weil noch nicht alle Optionen bis ins kleinste Detail eruiert worden sind. Gerade zu Beginn solltest Du aber das Gewand von 100%-igem Perfektionismus ablegen und ins Handeln kommen. So sammelst Du mit kleinen Summen Deine ersten expliziten Erfahrungen und entwickelst ein Gefühl für die Kryptowelt. Bremse Dich selbst, wenn Du Dein angedachtes Budget überschreitest. Wenn Du später schließlich größere Summen anlegen möchtest, dann solltest Du vorher noch einmal mit kühlem Kopf Deine möglichen Optionen gegeneinander abwiegen.

Schritt 1: Wallet zulegen

Bevor Du überhaupt Kryptowährungen kaufen kannst, brauchst Du eine Wallet. Ich empfehle Dir, mit einer benutzerfreundlichen Hot Wallet zu beginnen, auch wenn diese nicht so sicher wie Cold Storages sind. Am besten Du meldest Dich in diesem Rahmen direkt bei zwei oder drei Anbietern an. Zum einen, weil der Anmeldeprozess unterschiedlich lange dauern kann und zum anderen, damit Du flexibel agieren und Dir erste Bitcoins selbst schicken kannst.

Ich selbst habe die beste User-Erfahrung mit Coinbase und Binance gemacht.[51] Beide Plattformen sind aus meiner Sicht sehr benutzerfreundlich und professionell. Natürlich obliegt die Entscheidung bei Dir. Vielleicht hast Du Dir ja bereits im vorherigen Kapitel einige Wallets angeschaut und im Internet weiter recherchiert.

---

[51] Unterstütze unsere Arbeit, indem Du Dich über diese Affiliate-Links anmeldest: https://bit.ly/2wLlsA5 und https://bit.ly/2CqatkT

Um den Anmeldeprozess abzuschließen, musst Du Dich bei den meisten Anbietern identifizieren und gegebenenfalls Dokumente hochladen. Dabei handelt es sich meistens um einen Ausweis oder Reisepass und einen Adressnachweis, wie zum Beispiel eine Telefonrechnung. Manche Anbieter verlangen auch, dass Du ein Foto von Dir und Deinem Ausweis machst.

Schritt 2: Fiatgeld einzahlen

Sobald Du einen funktionierenden Account hast, brauchst Du ein paar Euro, um Deine ersten Bitcoin (oder Teile davon) zu kaufen. Bei Coinbase überweist Du zum Beispiel von Deinem normalen Girokonto Geld auf das Bankkonto von Coinbase. Bei anderen Anbietern kann man auch direkt eine Kreditkarte hinterlegen. Das empfehle ich Dir aber nicht, damit Du nicht „zu schnell" handeln kannst oder automatisch einen Kredit aufnimmst.

Bis das Fiatgeld bei Coinbase ankommt, dauert es 1-5 Werktage. Ist es einmal angekommen, genießt Du beim Kauf und Verkauf von Kryptowährungen fortan die für die Blockchain üblichen schnellen Übertragungsraten.

Schritt 3: Krypto-Leitwärung kaufen

Zwar kann man mittlerweile immer mehr Kryptowährungen auch mit Fiatgeld direkt kaufen, doch viele von ihnen erhält man nur im direkten Tausch gegen Bitcoin oder Ethereum. Diese sind die beiden Kryptowährungen mit der größten Marktkapitalisierung. Bei Veröffentlichung dieses Buches besaß Bitcoin eine Marktkapitalisierung von ca. 100 Mrd. US-Dollar und Ethereum von ca. 20 Mrd. US-Dollar. Diese beiden Kryptowährungen haben sich sozusagen als eine Art Leitwährung für alle Kryptowährungen herauskristallisiert.

Wenn Du Deine ersten Bitcoin und Ethereum kaufst, dann denke daran, dass Du direkt von Anfang an Deine Käufe und Verkäufe dokumentierst. Zwar werden diese in der Regel auch von den verschiedenen Anbietern festgehalten, allerdings sparst Du Dir unter Umständen so hinterher das mühsame Zusammensuchen für die Steuer oder um Deine Rendite auszurechnen.

Dokumentieren kannst Du ganz einfach mit einer Excel-Liste. Dort trägst Du das *Datum*, die *in Euro investiere Summe*, den *erhaltenen Wechselkurs*, die *erhaltenen Bitcoin oder Ether* und im besten Fall noch die *Gebühren* ein.

Schritt 4: Bitcoin/Ether verschicken

Herzlichen Glückwunsch – bei Schritt vier bist Du bereits stolzer Besitzer Deiner ersten Bitcoins! Jetzt machen wir uns daran, Dir die ersten Bitcoin selbst zu schicken. Dafür brauchst Du die Public Address von Deinem Empfängerkonto. Diese kannst Du Dir in der jeweiligen Wallet einfach anzeigen lassen.

Wichtig: Jede Kryptowährung hat ihre eigene Empfangsadresse. Komme bloß nicht auf die Idee, Dir beispielsweise IOTA auf Deine Bitcoin Public Address zu schicken oder dergleichen.

Um die Transaktion durchzuführen, musst Du jetzt lediglich in der Wallet, von dem Konto, welches die Kryptowährung enthält, die Empfangsadresse des anderen Kontos angeben. Zum Beispiel könntest Du Dir von Deinem Coinbase-Konto einen kleinen Bitcoin-Betrag an Dein Binance-Konto schicken. Berücksichtige dabei, dass manche Anbieter nur eine Mindestmenge zum Versand zulassen und eventuell eine kleine Transaktionsgebühr erheben.

Die Adressen (Bitcoin, Ethereum, Litecoin) sehen ungefähr so aus:

BTC: 3QRHpG8N9Rg3nCP5Z3eBQL7MD31YBEK9xu
ETH: 0x726A0502CFB2688ea32E87CaE5014468846E9f58
LTC: MQ3duQy2t3FWCR6bxts6EJANhfV7hnBy7P

Hast Du die Bitcoins einmal losgeschickt, kann es je nach Aufkommen mehrere Stunden dauern, bis diese ankommen. Ein spannender Moment der Wahrheit: Hast Du Dich bei der Eingabe der Public Address vertan, dann verlierst Du alle versendeten Coins! Also überprüfe beim Versenden Deine Angaben lieber doppelt.

Sind Deine Bitcoins sicher auf einer Exchange angekommen, dann könntest Du diese jetzt weiterverwenden, um eine andere Kryptowährung zu kaufen, die auf dieser Börse gehandelt wird.

Schritt 5: Kryptowährungen sichern

Wenn Du vorerst mit dem Einkaufen fertig bist, dann solltest Du Deine Coins sicher aufbewahren. Kleinere Beträge, die Du theoretisch bereit bist zu verlieren, kannst Du auf den Börsen lassen. Zu Übungszwecken und zur Absicherung solltest Du nun probeweise erst einmal einen kleineren Betrag von einer Kryptobörse auf eine sicherere Adresse schicken. Das ist eine Adresse, bei der nur Du den Private Key kennst. Solltest Du es noch nicht gemacht haben, dann erstelle Dir jetzt Deine erste Paperwallet oder nutze eine Hardware Wallet.

Berücksichtige dabei, dass die Adressen der verschiedenen Kryptowährungen unterschiedlich aussehen und Du für jede Kryptowährung eine eigene öffentliche Adresse brauchst, die vom Private Key abgeleitet wurde. Am einfachsten ist es, wenn Du mit einem Seed arbeitest, von dem aus Du Dir die verschiedenen Adressen immer neu ableiten kannst.

Schicke zunächst einen kleinen Betrag an Deine neue Adresse, um zu sehen, ob alles gut funktioniert und der Betrag ankommt. Hat alles seine Ordnung, dann kannst Du Dir jetzt auch größere Beträge auf Deine neue Adresse schicken und dadurch absichern.

Investitionskriterien

Bevor Du „in großem Stil" in Kryptowährungen investierst, solltest Du Dich über die verschiedenen Coins informieren. Jede Kryptowährung hat unterschiedliche Eigenschaften und Einsatzmöglichkeiten. Dabei ist es nicht immer einfach, an aussagekräftige Informationen zu kommen. Ganz anders also, als beispielsweise etablierte Aktienunternehmen, die eine regelmäßige Veröffentlichungspflicht von ihren Unternehmenskennzahlen haben. Darüber hinaus muss man aufpassen, dass man keinem „Scam" (Deutsch: Betrug) aufläuft.

Weitergehend handelt es sich bislang bei KryptoWÄHRUNGEN nicht um Unternehmensanteile (das wären die Aktien der Krypto-Unternehmen). Du kaufst lediglich eine virtuelle Währung. Mit jeder Währung kannst Du unterschiedliche Dinge realisieren. Je nach Beliebtheit und nützlichem Anwendungsbereich können diese virtuellen Zahlungsmittel im Wert steigen und fallen. Es handelt sich bei einer „Krypto-Investition" also eher um Devisen-Spekulation![52] Mache Dir dies bei der Wahl des Investitionsbetrags vorher klar - eine Investition in Krypto sollte ausschließlich mit Risikokapital getätigt werden.

Insbesondere vor dem Hintergrund, dass wahrscheinlich der Großteil der Kryptowährungen irgendwann gegen Null laufen wird, solltest Du Dir VOR dem Investieren ein paar fundamentale Gedanken machen. Kurzfristig kannst Du natürlich auch durch schnelles „Traden" (Deutsch: Handeln) Gewinne einfahren, doch ich rate Dir davon ab. Transaktionsgebühren und Steuern musst Du dabei erst einmal wieder verdienen – ganz abgesehen von dem Stress durch die starke Volatilität! Gerade im Kryptobereich lohnt es sich aus meiner Sicht, eher mittel- bis langfristig zu investieren.

---

52 Steuerlich werden Kryptowährungen als immaterielle Wirtschaftsgüter betrachtet.

Deine Trades musst Du sauber dokumentieren und am Jahresende versteuern. Schreibe Dir am besten bei der Dokumentation direkt mit auf, wie hoch die jeweiligen Transaktionsgebühren waren.

Bei dem Vergleich von unterschiedlichen Kryptowährungen helfen Dir folgende Kriterien, eine Entscheidung über das jeweilige Erfolgspotential zu treffen. So kannst Du dann eine Investitionsentscheidung „nach bestem Wissen und Gewissen" treffen.

Alleinstellungsmerkmal

Jede gute Unternehmung hat ein einzigartiges Alleinstellungsmerkmal. Es handelt sich dabei um etwas, das das Unternehmen macht, kann, ermöglicht oder liefert, mit dem es sich von anderen Unternehmen klar unterscheidet. Nur so können sie langfristig erfolgreich sein, denn mit ihrem Alleinstellungsmerkmal lösen sie ein *reales Problem* ihrer Kunden. Genauso verhält es sich mit den Kryptowährungen. Nur weil diese „Währung" heißen, bedeutet es nicht, dass sie alle den Zahlungsverkehr revolutionieren möchten.

Mit der Kryptowährung WAX kann man beispielsweise „Videospiel-Assets" kaufen und verkaufen. Das könnte etwa ein Schwert sein, welches sich ein Spieler nach wochenlangem Spielen erarbeitet hat und nun zu Geld machen möchte.

Ein anderes Beispiel ist VeChain (VEN), welches die Blochain-Technologie für alle Stationen der Supply Chain (Deutsch: Lieferkette) nutzt. Mit Golem (GNT) kannst Du Rechenkapazitäten mieten oder vermieten. Das Alleinstellungsmerkmal von Siacoin (SIA) ist ein dezentralisierter Cloud-Speicher. Jeder kann seinen Festplattenspeicher gegen SIA vermieten oder selber Dateien hochladen, die dann zerstückelt und auf viele Rechner verteilt werden. Und auf der Lisk-Plattform (LSK) können dezentralisierte Apps mit JavaScript erstellt werden.

Wie Du siehst, gibt es eine Fülle an innovativen Ideen, die alle ihre Daseinsberechtigung haben. Jedoch wird sich noch zeigen, welche

Kryptowährungen Bestand haben werden. Die Frage wird künftig außerdem sein: Welche Anwendungsbereiche werden von weiterentwickelten und schon länger bestehenden Kryptowährungen ebenfalls abgedeckt werden? Ist es also überhaupt nötig, eine eigene Kryptowährung für einen neuen Anwendungsbereich zu haben? Hier geht es entsprechend darum, wie gut die einzelnen Kryptowährungen beziehungsweise die dahinterstehenden Unternehmen ihr Alleinstellungsmerkmal ausspielen und sich einen Vorsprung mit großer Nachfrage erarbeiten können.

Geldmenge

Ein ganz elementarer Bestandteil einer jeden Währung ist die Kontrolle der Geldmenge. Nicht umsonst sagte bereits Mayer Amschel Rothschild, Gründer der Rothschild-Banken-Dynastie:

„Gib mir die Kontrolle über das Geld einer Nation und es interessiert mich nicht, wer dessen Gesetze macht."

Während die Geldmenge der Fiatwährungen weltweit von den Zentralbanken kontrolliert, und je nach Überzeugung vergrößert und verkleinert wird, sind die verschiedenen Kryptowährungen ganz unterschiedlich konstruiert worden. Insbesondere zwei Aspekte spielen eine entscheidende Rolle. Erstens, ob und falls ja wie neue Coins geschöpft werden können. Und zweitens, ob ein Coin „premined" (Deutsch: vorgeschürft) ist. Wenn seit Start einer Kryptowährung der Besitzer im Besitz von 50% und mehr der Coins ist, dann könnte dies auf einen Betrug hindeuten. Natürlich gibt es auch ein paar Ausnahmen, doch Du solltest mindestens vorsichtig sein und weitere Fragen stellen.

Bezüglich dem Aspekt der Geldmenge gibt es Kryptowährungen wie Bitcoin oder Litecoin, die die maximale – je existierende – Geldmenge gedeckelt haben. Im Fall von Bitcoin auf 21 Millionen BTC und von Litecoin auf 84 Millionen LTC. Das schafft Vertrauen und tendenziell eher deflationäre Tendenzen. Überleben diese Kryptowährungen (und das werden sie aus meiner Sicht definitiv), dann sind sie mit steigender Nachfrage immer mehr wert.

Während die Zentralbanken Inflation zulassen, um die Geldmenge an die Produktivitätssteigerungen der Wirtschaft anzupassen, bleibt im Falle von Bitcoin und Litecoin die Geldmenge konstant. Das bedeutet zwangsläufig, dass die gleiche, konstante Coinmenge auf immer mehr Menschen, die diese nachfragen, aufgeteilt werden müssen. Es kommt zu einem Preisanstieg gegenüber den inflationsgebeutelten Fiatwährungen, die jeden Monat (gegenüber der Gütermenge) weniger wert sind. Verlorengegangene Krypto-Beträge tragen ihr Übriges dazu bei.[53]

Andere Kryptowährungen haben zwar eine gedeckelte Geldmenge, welche aber von Zeit zu Zeit angehoben werden kann. Wiederum andere haben gar kein Limit nach oben. Diese beiden Varianten haben den Vorteil, dass eine Kryptowährung mit der Nachfrage (Benutzung) mitwachsen kann, ohne gleich den Preis für alle anderen Teilnehmer stark zu verzerren.

Beispielsweise bei Ethereum, bei dem man sogenannte *Smart Contracts* (Deutsch: Intelligente Verträge) erstellen und automatisch ausführen lassen kann, würde mit jedem zusätzlichen Nutzer der Etherpreis (Ether ist die Einheit, die bei Ethereum ausgegeben wird) in die Höhe schießen. Das wiederum wäre ein Argument für alle Nutzer gegen die Nutzung von Ethereum, da sie für die Nutzung einen immer höheren Umrechnungskurs bezahlen müssten. Das ist einer der Gründe, weshalb die Geldmenge bei Ethereum nicht beschränkt wurde.

Technische Merkmale

Jede Kryptowährung hat unterschiedliche technische Merkmale. Sie werden mittel- bis langfristig darüber entscheiden, ob die Kryptowährung erfolgreich sein wird oder nicht. Gibt es einen Konkurrenten mit

[53] Experten gehen davon aus, dass bis jetzt ca. 4 Mio. BTC verloren gegangen sind und 2 Mio. BTC gestohlen wurden. Die maximale Geldmenge betrüge demnach 15 Mio BTC statt den bisher angenommenen 21 Mio BTC: https://bit.ly/2KLsBZh

besseren Merkmalen, dann ist es für eine gegebene Kryptowährung umso schwieriger, sich durchzusetzen.

Der **Open-Source-Charakter** ist für Viele ein wichtiger Punkt. Ist eine Kryptowährung „open source", dann kann jeder den Quellcode einsehen und es wird öffentlich daran gearbeitet. Somit wird recht gut gewährleistet, dass nur der wichtigste Code übernommen wird und keine Dummheiten gemacht werden. Wird eine Kryptowährung dagegen zentral programmiert, dann weiß kein Außenstehender, was wirklich in dem Programm steht. Theoretisch könnten Nutzerdaten abgegriffen werden oder irgendwelche „Verbesserungen" eingeführt werden, um den Gewinn des Unternehmens zu maximieren.

Trotzdem gibt es natürlich auch jede Menge Kryptowährungen, die zentral von einem Team mit den besten Absichten programmiert werden. Am Ende des Tages, wollen sie es sich mit ihrer Community schließlich nicht verspaßen. Außerdem können bei einer zentralen Programmierung Entscheidungen und somit auch Updates schneller getroffen und eingeführt werden. Versuche einfach, den Open-Source-Charakter im Kontext zu sehen, und vergleiche mit ähnlichen Kryptowährungen aus demselben Bereich.

Die Hash Rate (Rechenleistung) des Netzwerks und die Art und Weise der Blockvalidierung (Konsensus-Mechanismus) geben Aufschluss über die **Skalierbarkeit der Transaktionen**. Zwar ist Skalierbarkeit nicht alles, aber bedenkt man, dass Bitcoin aktuell gerade einmal 3-4 Transaktionen pro Sekunde (TPS) abwickeln kann, Visa dagegen mehrere Tausend TPS, dann gibt das einem zu denken. Schließlich muss bei wachsendem Interesse die Nutzung einer Kryptowährung gewährleistet sein. Ethereum schafft derzeit ca. 15 TPS. Laut dem Entwickler Vitalik Buterin wird aber aktuell an mehreren Skalierungslösungen gearbeitet. Sollten *Sharding* und *Plasma* realisiert werden können, dann würden sogar bis zu einer Million TPS für Ethereum möglich sein.[54] Auch für Bitcoin wird gerade an dem *Lightning Network* gearbeitet, mit dem ebenfalls das Skalierungsproblem gelöst werden

[54] Concierge, 4.6.2018: https://bit.ly/2wWth60

soll. Noch ist es aber nicht soweit. Andere Kryptowährungen sind in Fragen Transaktionsgeschwindigkeit um einiges weiter. So hat EOS beispielsweise im Juli 2018 zu Spitzenzeiten über 3.000 TPS mit dem *Delegated Proof of Work* Konsensus-Verfahren geschafft.[55]

Funktionierendes Produkt

Eine im August 2018 veröffentlichte Studie über die 100 nach Marktkapitalisierung größten Kryptowährungen, kam zudem zu einem interessanten Ergebnis: Nur 36% von ihnen hat bereits ein funktionierendes Produkt.[56] Dabei ist ein funktionierendes Produkt ein sehr wichtiges Erfolgskriterium für eine Kryptowährung, denn wie soll die Nachfrage nach einer Kryptowährung gewährleistet werden, wenn nichts mit ihr gemacht werden kann? So ein Manko kann nur durch starke Partner oder eine große Community kompensiert werden, die in Zukunft für die Nachfrage sorgen werden. Wer ein funktionierendes Produkt hat, der hat außerdem nicht nur die Grundvoraussetzung für den Aufbau einer Community und geschaffen, sondern auch die finanzielle Zukunft seiner Unternehmung. Denn alleine mit der Erschaffung immer weiterer Coins aus dem Nichts wird wohl kaum eine Kryptowährung überleben.[57]

Anders herum betrachtet: In die restlichen 64% wurde also aus anderen, hoffentlich guten, Gründen investiert. Zwar kann es sein, dass einige von ihnen kurz vor der Einführung eines solchen Produktes sind. Doch müssen die Unternehmen dieser Kryptowährungen erst noch beweisen, dass sie eine real existierende Nachfrage bedienen, also ein bestehendes Problem lösen, können.

Team und Gründer

Wer hinter einer Kryptowährung steckt, ist nicht immer direkt ersichtlich. Gibt es jedoch überhaupt keine Informationen über den Gründer,

---

[55] CoinUpdate, 20.7.2018: https://bit.ly/2xh1FsA

[56] Invest in Blockchain, 14.8.2018: https://bit.ly/2nBQjdc

[57] Interessanterweise funktioniert dies mit Fiatgeld aktuell erstaunlich gut – dank staatlichem Segen.

sollte Dir dies zu denken geben. Warum sollte sich jemand verstecken wollen, gerade in Zeiten, in denen Social Media extrem wichtig ist und sogar sehr effektiv als Kommunikationsinstrument und Marketingtool eingesetzt werden kann? Ein gutes und ehrliches Unternehmen wird sich nicht verstecken, sondern mit offener Brust Rede und Antwort stehen!

Das Vorhandensein der Information ist dabei eine Sache, eine weitere deren Qualität. Damit meine ich die Geschichte und Kompetenz des Gründers. War er oder sie vielleicht bereits in bekannten Tech-Unternehmen tätig? Ist es eine starke mediale Persönlichkeit mit vielen Fans? Was sagen andere Leute über diese Person?

Das Gleiche gilt für das Team, das hinter dem Gründer (oder den Gründern) steht. Gibt es ein schlagkräftiges Team mit starken Persönlichkeiten? Nur wenn das Team als Ganzes überzeugt, wird ein Krypto-Projekt auch langfristig erfolgreich sein!

Community

Die Gemeinschaft, die hinter einer Kryptowährung steht, spielt ebenfalls eine Schlüsselrolle. Nicht zuletzt liegt der Erfolg von Bitcoin darin begründet, dass die Menschen an die Idee von Satoshi geglaubt haben. Diese gemeinsame Idee hat sie zusammengeschweißt[58] und dazu geführt, dass die Menschen auch an den Bitcoin geglaubt haben und es noch heute tun. Allein dieser Glaube hat dafür gesorgt, dass die Bitcoin-Community stetig gewachsen ist, der Bitcoin mehr und mehr nachgefragt wurde und Entwickler aus der ganzen Welt an Verbesserungen der Bitcoin-Blockchain arbeiten. Ein positiver, sich exponentiell verstärkender, Effekt, bei dem jeder Teilnehmer der Community gleichzeitig ein Botschafter ist, der leidenschaftlich die Großartigkeit dieser Kryptowährung in die Welt trägt.

[58] Die Immobilien-, Banken- und Staatsschuldenkrise mag auch eine Rolle gespielt haben ;)

Ohne Community mit begeisterten Fans ist eine Kryptowährung praktisch wertlos. Selbst die besten Ideen und Anwendungsbereiche bringen nichts, wenn die Kryptowährung von quasi niemandem benutzt wird. Dann kann einzig und alleine noch eine hohe Nachfrage von wenigen Nutzern (Big Playern) für den Erfolg einer Kryptowährung sorgen.

Das Community-Kriterium für eine Krypto-Investition ist entsprechend eine signifikante Anzahl an Menschen, die die Kryptowährung für den angedachten Zweck benutzt. Das beste Beispiel für die enorme Macht der Community ist aus meiner Sicht die Kryptowährung Dogecoin. Diese hat zwar keine besonderen technischen Errungenschaften, aber dafür ein lustiges Maskottchen: Einen japanischen Hund der Hunderasse Shiba Inu, der gerne als Meme verwendet wird. Dogecoin befindet sich dank seiner Community, die aus lustigen und freundlichen Menschen besteht, aktuell auf Platz 20 nach Marktkapitalisierung! Diese Tatsache ist bemerkenswert und macht das ganze Thema Kryptowährungen ironischerweise auf eine gewisse Art sympathisch und menschlich. Solltest Du jetzt in Dogecoin investieren? Die Entscheidung liegt bei Dir, aber ich halte es für extrem riskant.

Partnerschaften

Gute Partnerschaften und starke oder bekannte Kooperationspartner sind für eine Kryptowährung von hoher Bedeutung. Diese sorgen dafür, dass eine Community aufgebaut und eine Nachfrage für eine bestimmte Kryptowährung geschaffen wird. Nicht zuletzt ist es für beide Seiten eine Win-win-Situation, da sie sich gegenseitig unterstützen und vom Wachstum des Anderen profitieren. Bekannte Partnerschaften bestehen beispielsweise für folgende Kryptowährungen.

Bitcoin

Neben zahlreichen unbekannteren Unternehmen, die mittlerweile Bitcoin annehmen, wie zum Beispiel das Pflanzenzenter bei mir um die Ecke, akzeptieren mittlerweile auch namenhaften Unternehmen wie Microsoft, Overstock, das DISH Network und PayPal Bitcoin-Zahlungen.

Ethereum

Abgesehen davon, dass Ether mittlerweile auch immer öfters als Zahlungsmittel akzeptiert wird,[59] gibt es die einzigartige *Enterprise Ethereum Alliance*. Dies ist ein Zusammenschluss aus mittlerweile über 500 Organisationen oder Unternehmen aus unterschiedlichen Industriesektoren, die die Integration und Nutzung von Etherum vorantreiben wollen. Einige namenhafte Mitglieder sind Microsoft, Intel, J.P. Morgan, BP, ING Diba, UBS, CreditSuisse, Santander, BBVA, Thomson Reuters, CME Group und Mastercard.

IOTA

Auch von IOTA sind viele Unternehmen nachhaltig beeindruckt. Zu den Partnern oder Unternehmen, mit denen IOTA Projekte realisiert, gehören neben vielen anderen Volkswagen, Innogy, Thailands Regierung, Bosch, Cisco, U.S. Bank, Deutsche Telekom, Fujitsu und Olso Medtech.

Ripple

Insbesondere im Bankensektor hat Ripple immer wieder mit prominenten Partnerschaften für Schlagzeilen gesorgt, bei denen große Marken XRP (Ripple) in ihre Bezahlsysteme integriert haben. Zu diesen Partnerschaften gehören American Express, Santander und MoneyGram International.

Stellar

Auch wenn Stellar bei Vielen noch nicht so bekannt ist, haben sie es dennoch geschafft, eine Partnerschaft mit IBM und Deloitte einzugehen.

Natürlich haben nur wenige Kryptowährungen so namhafte Partnerschaften, wie die gerade genannten. Wichtig ist zum einen, dass überhaupt Partnerschaften bestehen und zum anderen, wer diese Partner sind und wie stark sie das Wachstum einer Kryptowährung fördern können.

---

[59] Ja, auch das Pflanzenzenter bei mir um die Ecke akzeptiert Ether!

Wie Du siehst, gibt es eine Menge an verschiedenen Kriterien, die alle in eine Investitionsentscheidung hineinfließen sollten. Gibt es Defizite in einem Bereich, dann sollte ein anderer Bereich entsprechend stärker ausgeprägt sein und das Manko kompensieren. Überlege Dir, welche Kriterien aus Deiner Sicht wichtiger oder wahrscheinlicher sind, als andere Kriterien.

Zu den bisher genannten Kriterien solltest Du außerdem noch die **Marktkapitalisierung** und **weitere Informationen** hinzuziehen. Die Daumenregel: Je größer die Marktkapitalisierung, desto stabiler die Kryptowährung. Verlasse Dich aber nicht zu sehr darauf, denn gerade im Kryptobereich kann es recht schnell zu Veränderungen kommen. Schlussendlich solltest Du Dich vor einem Investment nicht nur eingehend mit der anvisierten Kryptowährung auseinandersetzen, sondern auch noch andere, und zwar echte Menschen zu Rate ziehen. Hierbei musst Du natürlich berücksichtigen, dass die Informationen teils sehr subjektiv und interessensgetrieben sind. Nur, weil jemand am lautesten schreit, hat er nicht automatisch recht. Folgende Vorschläge:

- Schaue Dir verschiedene Videos auf YouTube nur über eine bestimmte Währung (und dessen Konkurrenten) an. Werfe ebenfalls einen Blick in die Kommentare, was andere Leute von der Einschätzung des Video-Herausgebers denken.
- Trete der offiziellen Gruppe einer bestimmten Währung auf Facebook oder Telegram bei. Hier bekommst Du direkt einen ersten Eindruck, ob es sich um eine starke Community handelt oder nicht.
- Lese Artikel von bekannten Krypto-Portalen im Netz.
- Mache das Thema Kryptowährungen in Deinem Freundeskreis zum Gesprächsthema.
- Trete meiner Mastermind-Gruppe in Facebook zu diesem Buch bei. Dort halten wir uns gegenseitig auf dem Laufenden und tauschen Investitionsideen aus.[60]

---

[60] Der Link ist: https://www.facebook.com/groups/586525858431794

Kryptowährungen versteuern

Die Besteuerung von Kryptowährungen ist im Grunde ganz einfach, aber je nach Anzahl Deiner Trades auch aufwändig. Ich muss dazu anmerken, dass ich kein Steuerberater bin und dementsprechend auch keine Haftung für folgende, gut recherchierte Informationen für Deutschland, übernehme. Die steuerliche Situation kann darüber hinaus in einem anderen Land komplett anders aussehen. Informiere Dich am besten in jedem Fall bei Deinem Steuerberater.

Zunächst einmal eine gute Nachricht: Überhaupt keine Steuern zahlst Du, wenn zwischen Anschaffung und Veräußerung von Kryptowährungen mindestens 1 Jahr vergangen ist. Ein guter Grund, lieber langfristig in Kryptowährungen zu investieren. Alleine aus diesem Grund und um den Überblick zu bewahren, solltest Du alle Deine Trades – inklusive Zeitpunkt, Anschaffungspreis und Gebühren - aufzeichnen. Dies wird Dir die Steuererklärung um einiges vereinfachen.

Eine Ausnahme gibt es allerdings: Wenn Du Zinsen aus einer Kryptowährung erwirtschaftest, dann zählt diese nicht mehr als Wirtschaftsgut, sondern als Einkommensquelle. In diesem Fall verlängert sich der Zeitraum theoretisch von 1 Jahr auf 10 Jahre. Verkaufst Du also eine Kryptowährung, die Dir Zinseinnahmen generiert vorher, dann musst Du darauf Steuern bezahlen. In diesem Fall käme die Kapitalertragssteuer zum Einsatz.

Für Kryptowährungen, die Du kürzer als 1 Jahr lang hältst, fällt der normale Steuersatz an. Es gibt allerdings eine Freigrenze von 600€. Das bedeutet, dass Du auf bis zu 600€ Gewinn auch innerhalb eines Jahres keine Steuern zahlen brauchst. Überschreitest Du diese Grenze, dann fällt sie komplett weg und Du musst den gesamten Gewinn versteuern.[61]

[61] Also NICHT etwa nur auf den Gewinn ab 600€.

Grundsätzlich werden Kryptowährungen als *nicht abnutzbare immaterielle Wirtschaftsgüter* behandelt und ein Verkauf von ihnen als *privates Veräußerungsgeschäft.*[62] Besteuert wird mit dem privaten Steuersatz, der zwischen 0% und 45% liegt. Die Überschüsse müssen in der Steuererklärung in der Anlage SO (Sonstige Einkünfte) eingetragen werden.

Wenn Du gleichartige Verlust realisiert hast, kannst Du diese mit Deinen Gewinnen verrechnen – im Rahmen von privaten Veräußerungsgeschäften: Krypto-Gewinne mit Krypto-Verlusten. Mit Aktiengewinnen könntest Du dementsprechend Krypto-Verluste nicht verrechnen oder umgekehrt.

Bei der Berechnung von dem Gewinn wird das FiFo-Prinzip angewendet: First in, First out. Der erste Bitcoin, den Du kaufst, ist auch der erste, den Du wieder verkaufst. Auch, wenn Du dazwischen noch Weitere gekauft hast.

Selbst, wenn Du Deine Gewinne theoretisch nicht versteuern musst, empfehle ich Dir, sie in Deiner Steuererklärung mit anzugeben. Die Steuerfreiheit wird nämlich durch das Finanzamt festgestellt und nicht durch den Steuerpflichtigen. Auch, wenn einige Beamten noch gar nicht wissen mögen, was überhaupt ein Bitcoin ist, so existiert durch die Blockchain-Technologie doch eine unverfälschbare Kopie Deiner Transaktionen. In ein paar Jahren könnten Regierungen auf die Idee kommen, diese systematisch und mit Computerunterstützung nach Steuerhinterziehern zu durchforsten. Das muss natürlich nicht passieren, Du solltest in dieser Hinsicht aber dennoch ehrlich sein.

---

62 Es kommt § 23 EStG. zur Anwendung , welcher auch bei Immobilien greift.

Deine Investitionsstrategie

Es gibt verschiedene Herangehensweisen, in Kryptowährungen zu investieren. Als aller Erstes solltest Du Dir aber darüber klar werden, wie viel Geld Du insgesamt in Krypto investieren möchtest. Ich persönlich denke, dass der Investitionsbetrag in Krypto insgesamt nur 5% bis 15% Deines Vermögens betragen sollte. Wie viel Du tatsächlich investieren solltest, hängt allerdings ganz von Deinem Risikoprofil ab! Auf gar keinen Fall solltest Du Geld investieren, welches Du in den nächsten 5 Jahren brauchst oder welches Du nicht zu verlieren bereit bist.

Wenn Du jünger bist und noch kein großes Vermögen besitzt, dann kannst Du, meines Erachtens nach, auch einen höheren Prozentsatz Deines Vermögens anlegen. Der Grund dafür ist simpel: Wer jung ist, kann zum einen theoretisch längere Kursverluste einfach aussitzen. Zum anderen können Totalverluste später durch eine ordentliche Arbeit schneller wieder hereingeholt werden.[63] Trotzdem bedeutet dies nicht, dass Du nicht trotzdem Deine Hausaufgaben machen musst und Dir ganz genau überlegen solltest, was Du mit Deinem Geld anstellst! Es handelt sich hierbei auch lediglich um meine persönliche Meinung, am Ende des Tages entscheidest Du, was aus DEINER Sicht das Beste für Dein Vermögen ist!

Weitergehend sind viele Menschen der Auffassung, dass sie all ihr „Krypto-Kapital" auf einen Schlag investieren müssten. Das ist aus meiner Sicht eine schlechte Idee, denn die Kurse sind wirklich sehr volatil! Viel sinnvoller ist es dagegen, erst einmal einen Teil zu investieren, etwa ein Drittel der anvisierten 5% Deines Vermögens, und nach ein paar Monaten (oder wann es sinnvoll erscheint) den nächsten Teil anzulegen. Diese „Reinmischen" Deines Kapitals hat den Vorteil, dass Du handlungsfähig bleibst und gegebenenfalls gute Kryptowährungen nachkaufen kannst, wenn sie gefallen sind. Somit erhältst Du einen

---

[63] Vielleicht sind €200 gerade viel Geld für Dich, aber später kannst Du es vielleicht in einem Monat zurücklegen.

Durchschnittskostenpreis (auch *Cost-Average Effekt*). Sollte die Kryptowährung steigen, dann profitierst Du trotzdem schon von dem Anstieg.

Der Wert von Kryptowährungen

Die große Herausforderung im Kryptobereich ist es, dass es sich als sehr schwierig darstellt, Kryptowährungen einen Wert zu geben. Das ist sicherlich einer der Gründe, weshalb Warren Buffet nicht in Kryptowährungen investieren möchte. Keiner kennt ihren genauen Wert wirklich. Ganz anders sind dagegen Aktien. Bei Aktien handelt es sich um *produktives Kapital*, also Unternehmen, die Monat für Monat einen Cashflow erzeugen. Die Vermögenswerte des Unternehmens (Maschinen, Patente usw.) kann man sehr genau erfassen. Im Kryptouniversum wissen wir dagegen lediglich, dass eine ganze Menge Menschen aktuell bereit sind, Preis X für Kryptowährung Y zu bezahlen. Aus diesem Grund ist auch das Investitionskriterium *funktionierendes Produkt* so wichtig. Nur, wenn die Nachfrage für eine Kryptowährung gesichert ist, wird es sie auch in Zukunft noch geben! Aktuell ist es bei vielen Kryptowährungen eher ein Versprechen, dass sie in Zukunft sehr viel wert sein könnte – Vorsicht!

Anlagehorizont

Grundsätzlich kann man zwischen aktiven Tradern und den sogenannten *HODLern* im Kryptobereich unterscheiden. Während die aktiven Trader durch schnelles Handeln versuchen, eine Outperformance zu erzielen, lehnen sich die Hodler erst einmal zurück und verkaufen auf absehbare Zeit nicht. HODLn hat sich in der Kryptoszene als Synonym für holden, sprich halten, etabliert und rührt von einem Tippfehler eines Bitcoin-Investors, der die Runde gemacht hat. Seitdem benutzt der Großteil der Krypto-Community das Wort HODL mit einem Augenzwinkern, wenn es um eine simple Buy & Hold Strategie geht.

Durch die schnellen und starken Kursausschläge ist es extrem schwierig, wenn nicht unmöglich, zum perfekten Zeitpunkt (Höhepunkt oder Tiefpunkt) zu handeln. Hinzu kommen unvollständige Informationen, die zudem ungleichmäßig verteilt sind. Zwar gibt es genügend aktive Trader, doch meistens ist ihre Performance nicht besser, wenn man sie mit dem Bitcoin-Wachstum vergleicht. Hinzu kommen Transaktionsgebühren und Steuern. Ich würde aus diesem Grunde, den Anlagehorizont lieber mittel- bis langfristig wählen. Damit meine ich, dass Du in aussichtsreiche Kryptowährungen investieren solltest, die es wahrscheinlich in 1-3 Jahren immer noch gibt. Natürlich kannst Du im Rahmen dieser Buy & Hold Strategie auch zwischenzeitlich Anpassungen vornehmen (je nach Kryptowährung solltest Du das sogar), doch spekuliere lieber nicht kurzfristig auf das Eintreten irgendwelcher Ereignisse. Das Geld kann nämlich sehr schnell komplett weg sein.

Investitionsansätze

Durch den Informationsmangel über den Wert einer Kryptowährung gibt es aus meiner Sicht eigentlich nur 2 realistische Ansätze. Ich werde zusätzlich noch einen weiteren Ansatz besprechen, den ich aber nicht für gut heiße. Was denkst Du, welcher Ansatz das ist? Die Investitionsansätze lauten wie folgt:

1) Investiere in sehr wenige Kryptowährungen
2) Investiere in sehr viele Kryptowährungen
3) Investiere in viele Kryptowährungen

Investmentidee 1

Der Hintergrund ist einfach: Es gibt mittlerweile so viele Kryptowährungen, dass man schnell die Übersicht verliert. Wer schafft es schon alle 2.000+ Kryptowährungen auf Herz und Nieren zu überprüfen? Ganz abgesehen einmal vom Informationsdefizit. Eine Konzentration auf sehr wenige Kandidaten macht von daher schon aus zeitlichen Gründen Sinn. So kann man es sogar schaffen, sich regelmäßig mit wenig Zeitaufwand auf den neusten Stand der Dinge zu bringen.

Weitergehend zeigt sich auch statistisch, dass ein Anstieg oder Fall von Bitcoin den ganzen Kryptomarkt nach oben oder nach unten zieht. Mache Dir klar, dass wir uns immer noch am Anfang des Megatrends *Blockchain & Kryptowährungen* befinden. Viele sind sogar der Auffassung (ich übrigens auch), dass es sogar die Einläutung in ein neues Zeitalter ist, dessen Ausmaße wir noch gar nicht alle fassen können. Welche Kryptowährung ist hier, um zu bleiben? Welche wird den Test der Zeit bestehen?

Ich persönlich denke, dass Bitcoin und Ethereum, die sich so oder so als eine Art Leitwährung etabliert haben, nicht mehr wegzudenken sind. Sie haben den großen Vorteil, dass sie sich einen enormen Vorsprung erarbeitet haben und eine großartige Community besitzen. Zwar müssen beide noch ihre Herausforderungen meistern, doch sollten sie diese überwinden, dann kann ein Großteil der anderen *No-Name Kryptowährungen* einpacken! Viele davon werden einfach überflüssig sein. Es wäre nicht das erste Mal in der Geschichte, dass sich der *First-Mover*[64] durchsetzt.

Zwar glaube ich schon, dass es noch etliche Kryptowährungen neben Bitcoin und Ethereum geben wird, doch sind diese beiden durch ihren de facto Status als Leitwährung im Vergleich zu anderen Kryptowährungen im Hinblick auf ihr Fortbestehen besonders sicher. Darüber hinaus sind die Programmierer beider Kryptowährungen besonders auf Sicherheit und Stabilität bedacht. Ganz so enorme Kurssprünge wie in einigen der ersten Jahre werden beide aber aus meiner Sicht nicht mehr vollziehen, da mittlerweile der Einstiegspreis um einiges höher ist, als das früher der Fall war. In folgender Grafik habe ich die jährliche Rendite für Bitcoin dargestellt.

Wie Du erkennen kannst, wurde das Wachstum von Bitcoin immer geringer. Trotzdem darf man nicht vergessen, dass die Geldmenge im Code auf gerade einmal 21 Millionen Bitcoin begrenzt ist. Sollte Bitcoin tatsächlich eines Tages zur Weltwährung avancieren, dann stehen ihr ca. 7,5 Milliarden Menschen gegenüber. Würden diese sich allesamt vom aktuellen Fiatgeld abkehren und Bitcoin nachfragen, dann käme es zu einer regelrechten Preisexplosion gegenüber Fiatwährungen.[65] Da man allerdings auch Fraktionen von Bitcoin handeln und ausgeben kann, stellt dies für die Benutzung von Bitcoin an sich kein Problem dar. Die kleinste Einheit nennt sich *satoshi* und besteht aus 0,00000001 BTC. Vielleicht werden wir in 100 Jahren alles mit satoshis bezahlen?

---

[64] Als *First Mover Advantage* wird der Vorteil einer zeitorientierten Wettbewerbsstrategie bezeichnet. Einem Pionierunternehmen steht zum Zeitpunkt der Markteinführung kein vergleichbares Konkurrenzprodukt gegenüber. Bis die Konkurrenz aufholt, hat sich der First-Mover einen quasi unüberholbaren Vorsprung erarbeitet.

[65] Diese wären in diesem übertriebenen Szenario dann natürlich wertlos und hätten wohl auch keinen Verwendungszweck mehr.

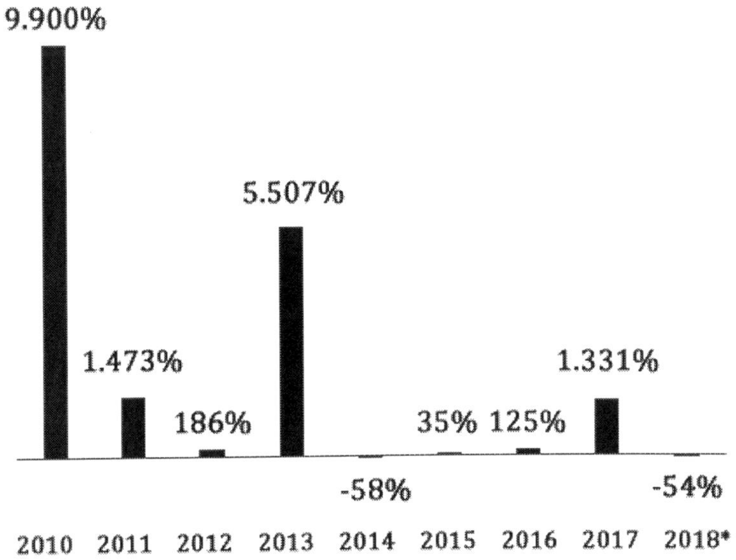

Abbildung 8: Jährliches Wachstum von Bitcoin
** lediglich bis 18.9.2018*

Ein anderes kurzfristiges Szenario wäre, wenn ein Bitcoin-ETF genehmigt oder der Zugang zum Kryptomarkt auf andere Art vereinfacht würde. In Konsequenz würden mit einem Schlag viel mehr private Investoren in den Markt strömen. Auch institutionelle Investoren hätten es mit einem Bitcoin-ETF einfacher, ihre Portfolien zu diversifizieren.

Gleiches gilt für Ethereum. Hier sehe ich das große Potential vor allem in den vielen Kooperationen, die Ethereum eingegangen ist und in das Genie Vitalik Buterin, der sein Herzensprojekt in immer neue Höhen katapultiert.

Aus meiner Sicht kannst Du zu Bitcoin und Ethereum noch weitere Kryptowährungen hinzufügen, die ebenfalls diesen Pioniervorteil (First-Mover) in ihrem Bereich haben. Welche das sind, solltest Du allerdings selbst entscheiden, denn mit jeder weiteren Kryptowährung wird eine Vorhersage in die Zukunft immer schwieriger. Und auch mit Bitcoin und Ethereum kann ich komplett falsch liegen – mache Dir also unbedingt Deine eigenen Gedanken!

Investmentidee 2

Eine interessante aber auch sehr gefährliche Idee, auf die Du vielleicht kommen könntest, ist es, einfach blind in hunderte von Kryptowährungen zu investieren. Somit würdest Du Dir eine aufwändige Recherche sparen und enorm diversifizieren.

Beispielsweise könntest Du Dir die 100 stärksten Kryptowährung nach Marktkapitalisierung kaufen. Du würdest in dem Rahmen zum Beispiel 100€ in jede einzelne von ihnen stecken – insgesamt also 10.000€ investieren. Was glaubst Du, hätte Dir diese Strategie im Jahr 2017 eingebracht?

Gleich vorneweg: Ich habe es nicht genau ausgerechnet. Allerdings gibt es eine gute Möglichkeit, uns dem Ergebnis anzunähern. Schauen wir uns dafür die Top-Performer 2017 an:

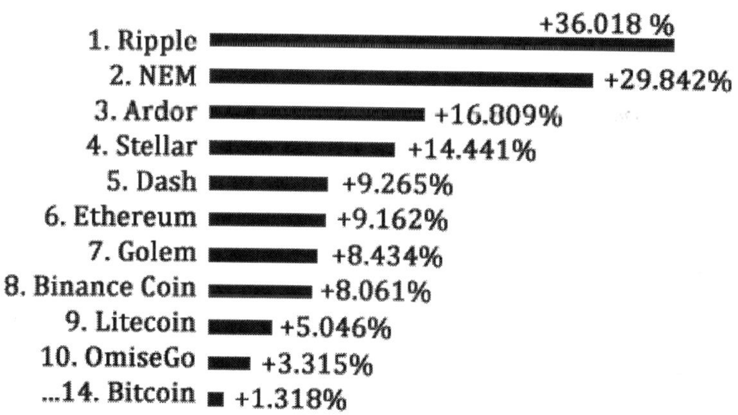

Abbildung 9: Kryptowährungen mit dem größten Wertzuwachs 2017

Schon alleine eine einzige Investition von 100€ in irgendeine dieser Kryptowährungen hätte Dir einen Wertzuwachs zwischen 1.318€ und 36.018€ beschert! Langsam dämmert es Dir jetzt wahrscheinlich, weshalb es diesen mega Hype um Kryptowährungen gab: Man konnte wortwörtlich in diesem einen Jahr vom Tellerwäscher zum Millionär werden, wenn man seine Karten richtig spielte.

Vergessen wir für einen Moment den ganzen Rest, der nicht ganz so herausragend abgeschnitten hat und konzentrieren uns lediglich auf diese 11 Kryptowährungen. Von ihnen befanden sich 9 am 1. Januar 2017 in den Top 100 Kryptowährungen nach Marktkapitalisierung: Alle bis auf Binance Coin und OmiseGo. Hättest Du zu dem Zeitpunkt 100€ in diese 9 Kryptowährungen gesteckt und am 31. Dezember 2017 wieder verkauft, dann wären aus Deinen 10.000€ (angenommen, alle anderen hätten gefloppt und wären auf null gesunken) über 130.335€ geworden! Das sind +1.303%.

Wenn diese Strategie so toll ist, warum ist sie dann so gefährlich?

Die Gefahr bei dieser Strategie liegt aus meiner Sicht in mehreren Komponenten begründet:

1) Vergangene Kursentwicklungen sind kein Garant für zukünftige Entwicklungen. Nur weil etwas ein Mal funktioniert hat, bedeutet es noch lange nicht, dass es noch ein zweites oder sogar ein drittes Mal funktionieren wird. Es gibt so viele Einflussfaktoren, die kein Marktteilnehmer alle überblicken kann. Das Jahr 2017 war in vielerlei Hinsicht ein besonderes Jahr.

2) 2017 war von vielen kapitalstarken ICOs (Initial Coin Offerings, ähnlich einem IPO) geprägt. Diese haben dafür gesorgt, dass extrem viel Kapital in die Kryptomärkte geflossen ist. Zwar wurde das Ergebnis 2018 schon bei Veröffentlichung des Buchs getoppt (mehr ICOs und mehr akquiriertes Geld), doch ist dies vor allem auf Anfang 2018 zurückzuführen. Im Verlauf des Jahres wurden immer weniger Mittel akquiriert. Nicht zuletzt, weil man gemerkt hat, dass viele ICOs wohl

nicht das halten können, was sie versprochen haben oder sogar teils als Abzocke verwendet werden. Eine gute Statistik über die Höhe der akquirierten Mittel bei ICOs findest Du hier.[66]

3) Mittlerweile strömt immer „intelligenteres" Kapital in die Kryptomärkte und somit werden auch die Investitionskriterien immer qualitativ ansprechender. Kurz vor Ende 2017 gab es einen regelrechten Hype, der aber nach kurzer Zeit in einer enormen Baisse endete. Seitdem befindet sich der Kryptomarkt in einer Findungsphase. Geld wird künftig immer stärker in fundierte Projekte fließen.

4) Du wirst gierig und investierst Dein gesamtes Vermögen in den Kryptomarkt. Mach Dir eines bitte klar: Dein Geld kann ganz schnell weg sein. Du weißt einfach nicht, was die Zukunft bringt. Die ganze Blockchain-Technologie und deren Regulierung ist auch für Politiker Neuland. Im Zweifelsfall wirst Du niemanden dafür haftbar machen können, wenn auf einmal Dein Geld weg ist – sei es durch einen Hacker gestohlen oder durch eine schlechte Kursentwicklung. Es wäre mehr als töricht, alles auf eine Karte – die Karte Kryptowährungen – zu setzen. Gehe lieber kalkulierbare Risiken ein und verwende ausschließlich Risikokapital!

Ob die tollen Ergebnisse dieser Strategie aus dem Jahre 2017 reproduzierbar sind, kann leider keiner sagen. Theoretisch wäre dies natürlich möglich – aber verantwortlich für Deine Investitionsentscheidung dafür bist ganz alleine Du!

Schauen wir uns abschließend an, wie viele Kryptowährungen extrem gut performen müssten (in der Kryptoszene sagt man auch *bis zum Mond steigen*) und wie viele floppen dürften, damit diese Strategie aufgeht. Unsere Investitionsannahmen sind dieselben:

Anlagekapital: 10.000€
Gleicher Investitionsbetrag: je 100€ in 100 Kryptowährungen

---

66 Icodata.io: https://bit.ly/2zmD46X

In folgender Tabelle habe ich die 100 Kryptowährungen aufgeteilt in:

- Ausfall: Investierter Betrag geht verloren
- Neutral: Investierter Betrag bleibt erhalten
- Zum Mond: Die Rendite beträgt +10.000%

Ausfall (-100%)	Neutral (0%)	Zum Mond (+10.000%)	Ergebnis
0	100	0	10,000.00 €
10	80	10	109,000.00 €
50	45	5	55,000.00 €
50	48	2	25,000.00 €
90	5	5	51,000.00 €
90	8	2	21,000.00 €
99	0	1	10,100.00 €

Wie Du der Tabelle entnehmen kannst, ist es extrem schwierig, mit dieser Strategie zu verlieren. Ich habe selbst nicht schlecht gestaunt: Selbst wenn 99 Kryptowährungen vor die Wand fahren (letzte Zeile) und nur eine durchstartet (bis zum Mond ;)), dann hast Du immer noch einen kleinen Gewinn gemacht. Mit jedem anderen gewählten Szenario wird es immer sensationeller.

Aber Vorsicht! Wir gehen hier von der Annahme aus, dass sich ein +10.000% noch einmal realisieren lässt – und zwar noch einmal von einer Kryptowährung aus den Top 100 nach Marktkapitalisierung. Das kannst Du aber auf gar keinen Fall sicher wissen!

Dadurch, dass im Laufe von 2018 die Märkte stark gesunken sind, gibt es meiner Meinung nach aber tatsächlich wieder ein ordentliches Potential nach oben. Ob es sich dabei dann allerdings um zweistellige oder á la 2017 fünfstellige Renditepunkte handeln wird, kann und will ich nicht beurteilen. Noch einmal: Die Verantwortung für Deine Entscheidungen trägst ganz alleine Du!

Ich persönlich favorisiere den nächsten Investitionsansatz.

Investmentidee 3

Bei dieser Investmentidee kommen die früher angeführten Investitionskriterien zum Einsatz. Die Devise lautet hier: Informieren und gezielt investieren. Es ist sozusagen eine Mischung aus Investmentidee 1 und 2. Diese Strategie hat sich bei mir so entwickelt, dass ich selbst zunächst Bitcoin und Ethereum gekauft habe. Ich wollte erst einmal dabei sein und erste Erfahrungen sammeln. Nach und nach habe ich mich in das Thema Krypto eingelesen, angefangen Krytpo-Nachrichten zu verfolgen und mich mit anderen Leuten über das Thema ausgetauscht. Dann habe ich Schritt für Schritt weitere Kryptowährungen mit in mein Krypto-Portfolio aufgenommen. Dabei habe ich mich zunächst an den Top 10 nach Marktkapitalisierung orientiert. Anschließend habe ich diese Grenze im Zeitverlauf immer weiter nach unten gesenkt, sodass ich mittlerweile auch Kryptowährungen, mit einem riesigen Rendite-Potential (durch noch geringe Marktkapitalisierung), im Portfolio habe.

Als Anfänger ist man in der Regel noch ziemlich überwältigt von den ganzen Informationen, die auf einen einprasseln und man kann schnell schlechte Entscheidungen treffen. Je länger Du aber in dem Thema Krypto bist und je besser Du Dich informierst, desto bessere Entscheidungen kannst Du auch treffen.[67] Dabei ist es nicht erforderlich, sich Tag und Nacht mit Kryptowährungen auseinanderzusetzen! Ich persön lich habe meine Phasen und Tage, in denen ich mich intensiv mit dem Thema oder einzelnen Kryptowährungen auseinandersetze. Dann können wieder Tage und Wochen vergehen, wo ich nur sporadisch mal hier und dort einen Artikel zum Thema lese.

Worauf ich hinaus möchte: Du brauchst nicht Dein gesamtes Risikokapital an einem einzelnen Tag auf einmal investieren! Auch wenn dies viele gerne tun würden, um es aus dem Kopf zu haben: Es ist sinnvoll, sich erst einmal mit den einzelnen Kryptowährungen auseinanderzu-

[67] Ich hoffe, dass ich mit diesem Buch dazu beitragen konnte, Dir das Thema auf angenehme Art und Weise näherzubringen. Falls dies der Fall war, würde ich mich über eine Rezension von Dir sehr freuen!

setzen, um zu wissen, wo man sein Geld reinsteckt. Wenn Du einen guten Einstiegszeitpunkt erwischt, dann ist es natürlich schön, investiert zu sein. Aber was im Kryptobereich *billig* und was *teuer* ist, kann sich sehr schnell von dem einen auf den anderen Tag ändern.

Ich persönlich denke, dass diese Strategie auch finanziell am erfolgreichsten ist. Dadurch, dass Investoren weltweit immer stärker auf Qualität achten, macht es nur Sinn, es selber auch zu tun.

Natürlich gibt es auch immer „Glücksfälle", wo man eine enorme Rendite mit einem sogenannten *Shitcoin* (schlechte Kryptowährung) machen kann – aber dabei handelt es sich um reine Spekulation und hat nichts mehr mit seriösem Investieren zu tun! Die Wahrscheinlichkeiten sind zwar weitaus besser als im Lotto: Es gibt nur ca. 2.000 Möglichkeiten (Kryptowährungen), aber über 139 Millionen Möglichkeiten, 6 richtige mit Superzahl zu erraten. Doch wenn hinterher das Geld weg ist, ist das Geschreie groß. Abgesehen einmal von dem Stress, dem Du ausgesetzt bist, weil Du einfach nicht weißt, ob Du Schrott gekauft hast und ob Deine Coins vielleicht am nächsten Tag wertlos sein werden.

Investierst und diversifizierst Du dagegen nur in aussichtsreiche Kryptowährungen, die die Investitionskriterien einhalten, dann kannst Du nicht nur ruhig schlafen, sondern dann stehen die Chancen nicht schlecht, in wenigen Monaten oder Jahren komplett ausgesorgt zu haben. Dafür lohnt es sich doch, ein wenig Zeit zu investieren, oder nicht? Ich investiere lieber auf mittlere bis lange Sicht, also in Kryptowährungen, die sich mit größerer Wahrscheinlichkeit etablieren werden und dessen Konzepte ich genial finde. Eine Garantie ist das natürlich trotzdem nicht!

Als Anhaltspunkt möchte ich Dir ein paar Kryptowährungen nennen, in die ich selbst investiert habe. Ich halte sie für interessant und aussichtsreich. Ich würde Dir empfehlen, sie Dir einfach einmal näher anzuschauen. Mit meinen Überlegungen zu den einzelnen Kryptowährungen kann ich aber komplett daneben liegen. Bitte investiere nicht einfach blind in sie, sondern mache Dir Deine eigenen Gedanken zu ihnen.

Ich habe neben Bitcoin und Ethereum unter anderem in folgende 10 Kryptowährungen investiert. Die Reihenfolge hat keinerlei Bedeutung.

- IOTA
- Litecoin
- Ripple
- NEO
- Waltonchain
- TenX
- DASH
- Stellar
- VeChain
- BitShares

Die komplette Liste meiner Krypto-Investitionen schicke ich Dir gerne auf Anfrage zu. Insgesamt bin ich aktuell in 33 verschiedenen Kryptowährungen investiert – auf mittlere bis lange Sicht. Schreibe mir dafür einfach eine kurze Mail an jens@indie-bücher.de.

Möglichkeiten, in Krypto zu investieren

Es gibt verschiedene Möglichkeiten, wie Du in Kryptowährungen investieren kannst. Eine Form ist der direkte Kauf einer Kryptowährung über eine Krypto-Börse. Eine andere Option ist der direkte Tausch (auch *OTC: Over the Counter*) mit einem Partner, bei dem ihr untereinander Coins gegen Fiatgeld tauscht. Auf Wechselstuben wie Shapeshift (https://shapeshift.io), ist es möglich, eine Kryptowährung direkt gegen eine andere einzutauschen. Darüber hinaus gibt es aber noch interessante Alternativen, die ich Dir nicht vorenthalten möchte.

Initial Coin Offerings

Sogenannte *Initial Coin Offerings* (ICOs) werden von den Unternehmen als Finanzierung benutzt. Dabei investierst Du als einer der ersten in eine neue Kryptowährung. Praktisch funktioniert es so, dass man Bitcoin oder Ether an eine spezielle Adresse sendet und selber auf eine bestimmte Wallet dann den Gegenwert in der neuen Währung zurückgeschickt bekommt. Die erzielten Gewinne nutzt das Unternehmen dann, um wichtige Investitionen zu tätigen. Anders als bei einem IPO (*Initial Public Offering*, für Aktien) erwirbt man jedoch meistens keine Unternehmensanteile, sondern spekuliert lediglich darauf, dass der Wert der Kryptowährung im Zeitverlauf steigt. Leider ist es sehr schwierig, seriöse und finanziell nachhaltige ICOs herauszufiltern – nicht zuletzt, weil es viele Abzocker in diesem Bereich gibt. Schon alleine aufgrund der schieren Masse - teilweise mehrere ICOs täglich - wird einem dies bewusst. Schau Dir doch einfach mal die aktuellen ICO-Listen an und mache Dir Dein eigenes Bild. Zum Beispiel auf:

- https://www.kryptovergleich.org/ico-liste/
- https://decentralbox.com/ico-tokensale-kalender/
- https://www.coinstaker.com/de/de/ico-uebersicht/
- https://www.coinschedule.com/
- https://tokenmarket.net/ico-calendar

Multi-Coins

Wenn Du gerne in mehrere Kryptowährungen investieren, Dir aber keine Gedanken darüber machen möchtest, in welche Coins genau, dann sind Multi-Coins eventuell eine interessante Alternative für Dich. Diese Coins sind durch andere Coins abgesichert. Ähnlich wie bei einem Fonds oder Währungskorb, investiert der Coin in verschiedene andere Kryptowährungen. Der Wert dieses Multi-Coins orientiert sich dabei an der Wertentwicklung der innehaltenden Kryptowährungen.

Weitere Finanzprodukte

Wenn Dir ein reguliertes Umfeld für Deine Bitcoin- oder Kryptoinvestitionen lieber sind, dann kannst Du auch auf bekannte Finanzprodukte zurückgreifen. Futures, Zertifikate und Fonds, die Bitcoin enthalten, gibt es bereits. Es ist nur eine Frage der Zeit, bis es auch den ersten Bitcoin-ETF geben wird. Die Entscheidung der SEC für eine Genehmigung dafür wurde vor Kurzem auf spätestens Februar 2019 vertagt.

Indirekte Investition

Schlussendlich gibt es noch die Möglichkeit, dass Du Dein Geld indirekt in Krypto anlegst. Dabei investierst Du in Aktien von Unternehmen, die am Krypto-Boom partizipieren. Nvidia liefert beispielsweise die Hardware (Grafikkarten) für Blockchain-Miner. Innerhalb von 2 Jahren verzeichnete es ein Wachstum von +576%. Ein anderes Beispiel ist das Unternehmen Overstock, welches eines der ersten war, welches Bitcoin akzeptierte. Die meisten Bitcoin hat das Unternehmen behalten und sein Aktienkurs steht und fällt somit unter anderem mit der Bewertung von Bitcoin. Teilweise konnte es ein Wachstum von +258% auf Zweijahressicht vorweisen. Solche indirekte Investitionsmöglichkeiten sind aus meiner Sicht sehr interessant, weil der Aktienmarkt gut reguliert und ebenfalls liquide ist. Investiert bin ich aber in keines der beiden Unternehmen.

Meine 5 goldenen Krypto-Investitionsregeln

In diesem Kapitel möchte ich Dir ein paar wichtige Investitionsregeln an die Hand geben. Diese können Dir dabei helfen, schwerwiegende Fehler zu vermeiden. Trotzdem geht natürlich nichts über die eigene Erfahrung, die Du unbedingt machen solltest. Zwangsläufig wirst Du auch Deine eigenen Fehler machen – dann aber bitte nur mit kleinen Beträgen oder Risikokapital!

#1 Buy the rumors, sell the facts!

Damit ist gemeint, dass Du Dir den Investmentzyklus zunutze machst. Am besten steigst Du dementsprechend in eine gute Kryptowährung ein, wenn gerade irgendwelche negativen Gerüchte (the rumors) herumgehen. Infolgedessen ist der Kurs (Preis) für diese Kryptowährung relativ gesehen günstig. Es gibt keinen Grund, eine fundamental starke Kryptowährung nicht zu kaufen, weil gerade ein paar Medien Lärm machen. Verkaufen solltest Du dann, wenn alle sich darüber einig sind, dass diese Kryptowährung das Nonplusultra ist – also wenn die Faktenlage obsiegt (the facts). Diese Situation wird irgendwann wieder umkehren.

Viele machen den Fehler, dass sie (erst) genau dann einsteigen, wenn alle darüber reden oder genau dann verkaufen, wenn die Kurse in den Keller gerauscht sind. So realisieren sie die theoretischen Kursverluste, die stattdessen auch ausgesessen werden können. Versuche, in dieser Hinsicht deshalb eher antizyklisch zu denken, als Dich von Deinen kurzfristigen Emotionen leiten zu lassen.

#2 Investiere nur in Kryptowährungen, die Du gut kennst!

Ob es Zeitmangel, keine Lust sich mit den Kryptowährungen auseinanderzusetzen oder Ungeduld ist: Viele Anfänger machen den Fehler, dass sie einfach in irgendwelche Kryptowährungen investieren, von denen sie null Ahnung haben. Ihre Investitionskriterien sind dann etwa ein „geiles Werbevideo", ein schickes Krypto-Logo oder eine interaktive Homepage. Diese Dinge machen vielleicht optisch etwas her, aber stellen keine Investitionsgrundlage dar!

Lasse Dich bitte auch nicht von diesen Dingen blenden, sondern investiere nur in Kryptowährungen, mit denen Du Dich vorher genauer auseinandergesetzt hast. Zu groß ist die Gefahr, sein ganzes Geld zu verlieren! Am besten Du machst Dir eine Checkliste mit den aufgeführten Investitionskriterien und hakst diese vor einer Investition ab.

#3 Diversifikation und Konzentration!

Beide extreme sind aus meiner Sicht nicht zu empfehlen. Diversifizierst Du zu stark, dann schmälerst Du Deinen Gewinn, weil eben viele schlechte Kryptowährungen mit im Portfolio sind. Konzentrierst Du zu stark, dann steckt Dein gesamtes Krypto-Anlagekapital in sehr wenigen Kryptowährungen. Während es bei den stärksten Kryptowährungen noch Sinn macht (nach dem Prinzip: *the winner takes it all* – Der Gewinner bekommt alles), ist eine starke Konzentration auf andere Kryptowährungen mit einem sehr hohen Risiko verbunden. Im Kryptobereich gibt es insgesamt nur ein bestimmtes Niveau an Sicherheit, welches allerdings auf sehr wackeligen Beinen steht.

Natürlich wirst Du Deine Lieblinge unter den Kryptowährungen haben, aber dennoch solltest Du mittelfristig ein gesundes Maß an Diversifikation anwenden. Ich persönlich denke, dass dies bei 10-50 Kryptowährungen liegt. Selbst, wenn Du nur in 1 von 10 Fällen richtig liegst, bist Du bei entsprechendem Wachstum auf der Gewinnerseite.

#4 Beteilige Dich nicht an Spielereien!

Immer wieder versuchen listige Betrüger, sich die Tatsache zunutze zu machen, dass der Kryptomarkt noch nicht gut reguliert ist. So werden oftmals *Pump and Dump Scams* angeheizt. Dabei geht es darum, irgendeinen Shitcoin übermäßig stark zu pushen, sodass er ordentlich im Preis steigt. Dafür gibt es spezielle Gruppen, die diese „Strategie" verfolgen, um gemeinsam davon zu profitieren. Ist der Kurs stark genug gestiegen, sodass ahnungslose Investoren aufspringen, wird der Shitcoin wieder „gedumpt", also verkauft. Infolgedessen bricht dann auch der Kurs des Coins ein. Während in der Theorie die ganze Gruppe von so einem Scam profitiert, haben Untersuchungen ergeben, dass in erster Linie die Organisatoren die Gewinner sind.[68]

Abgesehen davon, dass es unmoralisch ist und versucht wird, unwissenden Investoren auszunehmen, besteht bei solchen Spielereien ein hohes Verlustrisiko. Sollte irgendetwas schiefgehen, hast Du im schlimmsten Fall einen Shitcoin zu einem hohen Preis gekauft, den dieser nie wieder erreichen wird. In regulierten Börsenplätzen sind solche Pump and Dump Strategien übrigens illegal. Noch sind diese aufgrund der fehlenden Regulierung zwar für Krypto-Börsen nicht illegal, doch wird dieser Schritt wohl nicht lange auf sich warten lassen.[69]

#5 Kümmere Dich um Dein Geld!

Nach der Investition ist vor der Investition! Zwar ist HODLen schön und gut, aber dennoch solltest Du Deine Investition nicht versauern lassen. Das bedeutet nicht, dass Du direkt wieder verkaufen solltest, sondern stattdessen immer wieder nach dem Rechten sehen. Schaue nicht täglich auf die Kurse, aber vielleicht alle paar Wochen. Nimm Dir Zeit für Deine Investitionen und halte diese nach! Informiere Dich über die Entwicklungen und Weiterentwicklungen Deiner Kryptowährungen. Sind diese aus Deiner Sicht nun mehr oder weniger wert, als noch vor ein paar Monaten? Je mehr Geld Du im Kryptobereich investierst oder

68 Bitfalls, 12.1.2018: https://bit.ly/2B5Huwz
69 Cointelegraph, 24.2.2018: https://bit.ly/2EPPF7f

investieren willst, desto besser solltest Du Dich informieren. Es lohnt sich!

Mache darüber hinaus auch keine finanziellen Dummheiten, wie Kryptowährungen auf Kredit zu kaufen oder alle Deine Coins auf einer einzigen Börse zu halten! Größere Beträge solltest Du unbedingt mit einer Paper Wallet absichern.

Bonus Kapitel: Informationsportale

Je besser Du informiert bist, desto fundiertere Investitionsentscheidungen kannst Du auch treffen. Da man gerade als Neuling allerdings mit Informationen geradezu überflutet wird, möchte ich Dir hier ein paar nützliche Portale empfehlen.

Concierge
Coincierge.de ist eine beliebte deutschsprachige Newsplattform für die Bereiche Bitcoin, Altcoins und Blockchain. Coincierge berichtet über tagesaktuelle Geschehnisse und bietet darüber hinaus etliche Anleitungen für den Einstieg in die Welt der Kryptowährungen an.
https://coincierge.de/

Blockchain-Hero
Als News-Plattform informiert Dich Blockchain Hero über Neuigkeiten von Bitcoin, alternative Währungen und die Technologie dahinter. Das Besondere: Bitcoin Hero scannt die internationale Presse und gibt die Infos in deutscher Sprache weiter.
https://blockchain-hero.com/

Cryptoticker
Cryptoticker ist eine in Berlin ansässige Cryptonews-Plattform, die von einem internationalen Team aus Experten betrieben wird, welche es sich zur Aufgabe gemacht haben ihr Wissen mit der Crypto-Community zu teilen. Auf Cryptoticker findet man aktuelle Nachrichten, Expertenmeinungen und Interviews rund um die Themen Blockchain und Kryptowährung.
https://cryptoticker.io/de/

Cryptonews

Cryptonews.com bringt seinen Lesern News zum Thema Blockchain und Kryptowährung, sowie Meinungen, Bewertungen und Guides. Das Online Magazin stellt Krypto Meinungsbildner vor, mit dem Ziel, der breiten Öffentlichkeit zu helfen, diese Technologien zu verstehen, zu aktzeptieren und erfolgreich zu nutzen.
https://de.cryptonews.com/

Bitcoin-live

Bitcoin-live.de bietet seinen Lesern bereits seit einigen Jahren einen Anlaufpunkt für News und verschiedene Informationen zu Kryptowährungen. Mit dem Newsticker bekommt der interessierte Leser einen schnellen Gesamtüberblick der nationalen und internationalen Geschehnisse aus dem Bereich der Kryptowährungen. Realisiert wird dies über einen deutschen und einen englischen Newsticker. Neben dem Newsticker hat sich Bitcoin-live vor allem auf Informationen und Hilfestellungen zum Mining von Kryptowährungen spezialisiert.
https://bitcoin-live.de/

Zusätzlich zu den genannten Portalen erhältst Du noch gute Infos auf https://coinmarketcap.com/ und auf dem YouTube-Kanal von Dr. Julian Hosp.

Bonus-Kapitel: Krypto-Slang

Wahrscheinlich wirst Du früher oder später über seltsame Begriffe wie FUD oder FOMO stolpern. Damit Du nicht wie ein „absoluter *Newbie*" dastehst, erkläre ich Dir die wichtigsten Begrifflichkeiten.

HODL steht für „Hold On for Dear Life" und beschreibt den Zustand, bei dem ein Krypto-Investor auf absehbare Zeit nicht verkaufen wird.

FOMO („fear of missing out") bedeutet, dass die Leute Angst haben, etwas zu verpassen. Wird *FOMO* erzeugt, kaufen sie eine Kryptowährung wie verrückt.

FUD ist die Abkürzung für „fear, uncertainty and doubt" (Deutsch: Angst, Unsicherheit und Zweifel). Wer *FUD* verbreitet, der möchte die Kurse negativ beeinflussen.

Lambo ist die Abkürzung für „Lamborghini" - der Traum eines jeden Krypto-Investors ;)

Pump and Dump: „aufpumpen und wegschmeißen". Eine Gruppe erzeugt FOMO, sodass ein Kryptokurs plötzlich in astronomische Höhen schießt. Nach Erreichen eines bestimmten Kurses verkauft ihn die ursprüngliche Gruppe wieder schnell, um einen Profit zu erzielen.

Altcoin („alternate coin") sind alle Kryptowährungen außer Bitcoin.

Shill: Wenn Du einen Coin „shillst", dann bist Du wahrscheinlich in diesem investierst und versuchst nun, die öffentliche Meinung bezüglich dieses Coins positiv zu stimmen.

To the moon (Deutsch: „Bis zum Mond") Eine Kryptowährung bewegt sich so bullisch (wächst so stark), dass der Kurs wahrscheinlich den Mond erreichen wird.

Gefahren der Blockchain-Technologie

Nachdem Du nun für die die Kryptowelt gewappnet bist, möchte ich Dir noch ein paar kritische Gedanken zur Blockchain-Technologie und Kryptowährungen mit auf den Weg geben. Hierbei handelt es sich um potentielle Entwicklungen, die selbstverständlich nicht eintreten müssen. Mit ihnen möchte ich Dich lediglich zum Nachdenken und zum richtigen Umgang mit Kryptowährungen anregen.

• Da die Blockchain-Technologie nach und nach alle Lebensbereiche erfasst, wird es aus meiner Sicht in den nächsten Jahren dazu kommen, dass sämtliche Vermögenswerte „tokenisiert" werden. Das bedeutet, dass ein repräsentatives Äquivalent auf einer Blockchain erstellt wird und sie fortan handelbar sind. Das muss nicht per se schlecht sein, doch wird der Tag kommen, an dem sämtliche Dinge, die man besitzen kann, digitalisiert sind: Unternehmen, Land, Wertgegenstände, Rohstoffe, Häuser, Tiere und vielleicht sogar Menschen - etwa als Bürgen auf einer staatlichen Blockchain. Theoretisch wäre es so für eine einzelne Person möglich, die ganze Welt zu besitzen.

• Schwache Regierungen werden gegenüber internationalen Kryptowährungen machtlos sein. Die erste Welt könnte Kryptowährungen als Instrument gegen Länder der Dritten Welt verwenden oder um Diktaturen zu stürzen. Vordergründig kann niemand mit dem Blockchain-Code diskutieren, aber im Hintergrund könnten Geheimdienste Einfluss auf Krypto-Unternehmen ausüben.

• Während viele Menschen in der Blockchain-Technologie ihre Freiheit sehen, könnte sie aber auch dafür eingesetzt werden, alles und jeden zu kontrollieren. Dadurch, dass man bei den Anbietern oftmals persönliche Daten zur Verifizierung preisgeben muss, sind wir im Internet nicht mehr so anonym, wie wir es aktuell noch sind.[70] Informationen, die auf der Blockchain abgespeichert sind, bleiben schließlich für ewig

[70] Achte darauf, Deine Daten nicht jedem x-beliebigem Unternehmen zu geben!

erhalten. Schon in nicht allzu ferner Zukunft könnte es sogar richterliche Beschlüsse geben, die Blockchain-Einträge als Beweislast zu Grunde legen.

• Es kann sehr gut sein, dass einige Big Player bald ihre eigenen Kryptowährungen herausbringen, die den Kryptomarkt aufmischen werden. Ich denke vor allem an Google, Amazon, Apple und Microsoft. Immer mehr große Unternehmen werden darüber hinaus Bitcoin und Ethereum als Zahlungsmittel akzeptieren und für steigende Preise sorgen.

• Für sehr wahrscheinlich halte ich es, dass die großen Zentralbanken schon bald ihre eigenen Kryptowährungen herausbringen werden. Schon alleine aufgrund ihrer technologischen Überlegenheit macht dies Sinn. Darüber hinaus werden sie ihr Geldmonopol wohl kaum aus der Hand geben wollen.

• Quantencomputer sind eine potentielle Bedrohung für alle Kryptowährungen. Noch sind diese zwar nicht leistungsfähig genug, doch sollte der Tag kommen, dann könnten viele Kryptowährungen leicht gehackt werden. Allerdings gibt es bereits Programmierer, die daran arbeiten, die Blockchain-Technologie quantensicher zu machen.

• Privatsphäre-Kryptowährungen auf denen die Teilnehmer anonym bleiben, können für illegale Geschäfte benutzt werden. Würde man solche Kryptowährungen verbieten, fänden Personen, die unentdeckt bleiben wollen, sicher andere Mittel und Wege. Eine interessante Idee wäre es daher, alle Transaktionen solcher „dunklen" Kryptowährungen pauschal zu versteuern. Somit könnte man einen Gegenpol erzeugen und diese Steuereinnahmen zur Prävention einsetzen.

Wir stehen noch weit am Anfang des *Blockchain-Zeitalters*, doch ist es so, wie mit jeder neuen Technologie: Sie kann für Gutes und für Schlechtes eingesetzt werden. Dank der Blockchain-Technologie kann die Welt wieder näher zusammenrücken. Gestalten wir dieses neue Zeitalter der Dezentralisierung gemeinsam und positiv, indem wir Menschen zusammenbringen und uns gegenseitig helfen!

Fazit

Die Blockchain-Technologie und die Erfindung von Kryptowährungen sind eine einmalige Erfolgsgeschichte, die seinesgleichen sucht. Wahrscheinlich befinden wir uns gerade im größten Umbruch seit der Erfindung des Internets. Mit dem Lesen dieses Buchs hast Du einen wichtigen Schritt getan, um künftig vom Krypto-Boom zu profitieren!

Nicht nur weißt Du nun um die Bedeutung des Bitcoins im historischen Kontext Bescheid. Du hast außerdem die Hintergründe und Erfolgskonzepte der Blockchain-Technologie sowie adäquate Aufbewahrungsmöglichkeiten kennengelernt. Die Vielzahl an potentiellen Anwendungen stellt ein Paradies zum Investieren dar, das es auszunutzen gilt. Du hast konkrete Investitionsstrategien und -kriterien an die Hand bekommen, die nur darauf warten, von Dir angewandt zu werden.

Als weiteren Schritt und um ins Handeln zu kommen, möchte ich Dich einladen, der Facebook-Gruppe *Mit Blockchain zum Krypto-Investor | Community für Krypto-Investoren* beizutreten. In dieser Mastermind-Gruppe darf jeder Fragen stellen und wir tauschen uns gegenseitig über neue Entwicklungen im Kryptobereich aus.

Wer nicht wagt, der nicht gewinnt! Fang an, Deine eigenen Erfahrungen zu sammeln. Stellst Du Dich geschickt an, könntest Du schon in naher Zukunft finanziell ausgesorgt haben. Lasse aber immer die nötig Vorsicht und Weitsicht walten.

Auf dem Weg zu Deiner finanziellen Freiheit wünsche ich Dir alles erdenklich Gute und viel Erfolg! Ich hoffe, dass ich mit diesem Buch dazu beitragen konnte, Dich kryptofit zu machen und Du fortan das enorme Potential der Kryptowährungen für Dich nutzen wirst.

Dein Jens

Konntest Du etwas lernen?

Wenn Du irgendetwas aus diesem Buch mitnehmen konntest, würde ich Dich bitten, mir ebenfalls einen Gefallen zu tun: Entweder, indem Du das Buch weiterempfiehlst, ein paar Exemplare verschenkst oder eine kurze Bewertung auf Amazon hinterlässt.

Eine Bewertung auf Amazon zu hinterlassen dauert nur ein paar Sekunden und kann auf der Produktseite des Buchs, mit Klick auf die Sterne, eingestellt werden - oder direkt über diesen Link: https://amzn.to/2QbnJM7

Ich lese wirklich jede Bewertung und jedes Feedback (jens@indie-bücher.de). Das hilft mir enorm dabei, meine Bücher stetig zu verbessern. Daher wäre ich Dir sehr dankbar, wenn Du dieses Buch offen und ehrlich bewertest.

Vielen herzlichen Dank für Deine Unterstützung!

Über den Autor

Jens M. Helbig

Jens Helbig wurde 1987 in Schwelm in Nordrhein-Westfalen geboren. Während seines Studiums der Volkswirtschaftslehre in Mexiko-Stadt verfasste er im Alter von 26 Jahren seine ersten beiden Bestseller: *Tag auf Tag im Hamsterrad* sowie *Der Hamster verlässt das Rad.*

Im Verlauf seiner Reisen in über 30 Länder dieser Erde durfte Jens Helbig diverse Kulturkreise mit ihren differenzierten Sichtweisen kennenlernen. Sein stetiger Wissensdurst, den eigenen Horizont zu erweitern, spiegelt sich auch in seiner vielseitigen Arbeitserfahrung wieder, der er unter anderem als Journalist in Los Angeles, Farmarbeiter in Australien, Deutsch- und Englischlehrer in Mexiko-Stadt und als Portfoliomanager in Deutschland nachging. Der glückliche Familienvater bringt eine facettenreiche Lebenserfahrung in seine Bücher mit ein.
Jens Helbig vermittelt praktisches Finanzwissen, welches zum eigenverantwortlichen Handeln motiviert. Der mehrfache Bestseller-Autor wird von seinen Lesern besonders wegen seiner Fähigkeit geschätzt, auch komplizierte Themen auf ein kompaktes und verständliches Format herunterzubrechen. Zu seinen jüngsten Bestsellern zählen *Einmal Dividende bitte!* und *Erfolgreich werden.*

Haftungsausschluss und Angaben nach §34b WpHG

Die Benutzung dieses Buches und die Umsetzung der darin enthaltenen Informationen erfolgt ausdrücklich auf eigenes Risiko. Dieses Buch kann eine Anleitung für mögliche Erfolgsstrategien sein, ist jedoch keine Garantie für Erfolge und basiert ausschließlich auf der persönlichen Meinung des Autors. Der Autor und der Herausgeber übernehmen daher keine Verantwortung für das Nicht-Erreichen der im Buch beschriebenen Ziele. Haftungsansprüche gegen den Verlag und den Autor für Schäden materieller oder ideeller Art, die durch die Nutzung oder Nichtnutzung der Informationen bzw. durch die Nutzung fehlerhafter und/oder unvollständiger Informationen verursacht wurden, sind grundsätzlich ausgeschlossen. Rechts- und Schadenersatzansprüche sind daher ausgeschlossen. Das Werk inklusive aller Inhalte wurde unter größter Sorgfalt erarbeitet. Der Verlag und der Autor übernehmen jedoch keine Gewähr oder Haftung für die Aktualität, Korrektheit, Vollständigkeit und Qualität der bereitgestellten Informationen. Druckfehler und Falschinformationen können nicht vollständig ausgeschlossen werden. Es kann keine juristische Verantwortung sowie Haftung in irgendeiner Form für fehlerhafte Angaben und daraus entstandenen Folgen vom Verlag bzw. Autor übernommen werden. Für die Inhalte von den in diesem Buch abgedruckten Internetseiten sind ausschließlich die Betreiber der jeweiligen Internetseiten verantwortlich. Der Verlag und der Autor haben keinen Einfluss auf Gestaltung und Inhalte fremder Internetseiten. Verlag und Autor distanzieren sich daher von allen fremden Inhalten. Zum Zeitpunkt der Verwendung waren keinerlei illegalen Inhalte auf den Webseiten vorhanden. Gehandelte Kryptowährungen, Aktien, ETFs, P2P-Kredite und Fonds sind immer mit Risiken behaftet und können zum Totalverlust führen. Alle Texte sowie die Hinweise und Informationen stellen keine Anlageberatung oder Empfehlung dar. Sie wurden nach bestem Wissen und Gewissen aus öffentlich zugänglichen Quellen übernommen. Alle zur Verfügung gestellten Informationen (alle Gedanken, Prognosen, Kommentare, Hinweise, Ratschläge etc.) dienen allein der Bildung und der privaten Unterhaltung. Eine Haftung für die Richtigkeit kann in jedem Einzelfall trotzdem nicht übernommen werden. Sollten die Besucher dieser Seite sich die angebotenen Inhalte zu eigen machen oder etwaigen Ratschlägen folgen, so handeln sie eigenverantwortlich.

* = Affiliate Link

Dir entstehen durch einen Klick weder Nachteile noch irgendwelche Kosten. Wenn Du Dich für ein Produkt entscheidest, zahlst Du den gleichen Preis wie ohne Klick auf den Link. Für mich ist es jedoch wertvoll, weil Du damit meine Arbeit – in Form einer kleinen Provision – unterstützt. Natürlich erst dann, wenn Du Dich nach einem Klick mit einem Kauf für das Produkt/Angebot entscheiden solltest. Vielen Dank im Voraus, ich weiß das sehr zu schätzen.

30516000R00078

Printed in Poland
by Amazon Fulfillment
Poland Sp. z o.o., Wrocław